Ensayo

Crónica

John Hersey nació en Tientsin, China, en 1914, donde vivió hasta 1925, año en que su familia regresó a Estados Unidos. Estudió en Yale y más tarde completó sus estudios en Cambridge. En el otoño de 1937 se incorporó a la revista *Time*, para la que trabajó como corresponsal en el frente del Pacífico durante la Segunda Guerra Mundial. En 1945 ganó el premio Pulitzer por su primera novela, *La campana de la libertad*, sobre la ocupación militar estadounidense en una pequeña localidad italiana. Tras publicar *Hiroshima* en la revista *The New Yorker*, se convirtió en un crítico acérrimo de las armas nucleares. Su segunda novela, *La pared*, una minuciosa investigación histórica sobre la destrucción nazi del gueto de Varsovia, se publicó en 1950. A ésta siguieron otras novelas como *El junco y el río*, *El amante de la guerra*, *El comprador de niños*, *Mi petición de más espacio* o *Demasiado lejos para ir andando*. Murió el 24 de marzo de 1993 en su casa de Key West. Un obituario publicado en *The New Yorker* afirmaba que es posible que *Hiroshima* hubiera sido «el más famoso artículo de revista jamás publicado» y continuaba afirmando que «si hubo alguna vez un tema proclive a hacer que un escritor fuera recargado y un artículo farragoso, ése era la bomba de Hiroshima; pero el reportaje de Hersey fue tan meticuloso, sus frases y párrafos tan claros, serenos y contenidos, que el horror de la historia que tenía que contar nos resultó especialmente espeluznante».

John Hersey

Hiroshima

Traducción de
Juan Gabriel Vásquez

DEBOLS!LLO

Título original: *Hiroshima*

Primera edición con esta presentación: septiembre de 2016
Segunda reimpresión: febrero de 2018

© 1946, renovado 1973, John Hersey
© 1985, John Hersey
Publicado con el acuerdo de Alfred A. Knopf, una división de Random House, Inc.
© 2009, Penguin Random House Grupo Editorial, S. A. U.
Travessera de Gràcia, 47-49. 08021 Barcelona
© Juan Gabriel Vásquez, por la traducción, cedida por Turner Publicaciones S. L.

Printed in Spain – Impreso en España

ISBN: 978-84-8346-854-8
Depósito legal: B-17.406-2016

Compuesto en Anglofort, S. A

Impreso en Ulzama Digital, S. L.

P 8 6 8 5 4 B

Penguin
Random House
Grupo Editorial

ÍNDICE

      Hatsuyo Nakamura.– Doctor Terufumi Sasaki.– Padre
      Wilhelm Kleinsorge.– Toshiko Sasaki.– Doctor Masakazu
      Fujii.– Kiyoshi Tanimoto

I
UN RESPLANDOR SILENCIOSO

*E*xactamente a las ocho y quince minutos de la mañana, hora japonesa, el 6 de agosto de 1945, en el momento en que la bomba atómica relampagueó sobre Hiroshima, la señorita Toshiko Sasaki, empleada del departamento de personal de la Fábrica Oriental de Estaño, acababa de ocupar su puesto en la oficina de planta y estaba girando la cabeza para hablar con la chica del escritorio vecino. En ese mismo instante, el doctor Masakazu Fujii se acomodaba con las piernas cruzadas para leer el *Asahi* de Osaka en el porche de su hospital privado, suspendido sobre uno de los siete ríos del delta que divide Hiroshima; la señora Hatsuyo Nakamura, viuda de un sastre, estaba de pie junto a la ventana de su cocina observando a un vecino derribar su casa porque obstruía el carril cortafuego; el padre Wilhelm Kleinsorge, sacerdote alemán de la Compañía de Jesús, estaba recostado −en ropa interior y sobre un catre, en el último piso de los tres que tenía la misión de su orden−, leyendo una revista jesuita, *Stimmen der Zeit*; el doctor Terufumi Sasaki, un joven miembro del personal quirúrgico del moderno hospital de la Cruz Roja, caminaba por uno de los corredores del hospital, llevando en la mano una muestra de sangre para un test de Wassermann, y el reverendo Kiyoshi Tanimoto, pastor de la Iglesia Metodista de Hiroshima, se había detenido frente a la casa de un hombre rico en Koi, suburbio occidental de la ciudad, y se preparaba para descargar una carretilla

llena de cosas que había evacuado por miedo al bombardeo de
los B-29 que, según suponían todos, pronto sufriría Hiroshima. La
bomba atómica mató a cien mil personas, y estas seis estuvieron
entre los sobrevivientes. Todavía se preguntan por qué sobrevivieron si murieron tantos otros. Cada uno enumera muchos pequeños factores de suerte o voluntad —un paso dado a tiempo, la decisión de entrar, haber tomado un tranvía en vez de otro— que
salvaron su vida. Y ahora cada uno sabe que en el acto de sobrevivir vivió una docena de vidas y vio más muertes de las que nunca pensó que vería. En aquel momento, ninguno sabía nada.

El reverendo Tanimoto se levantó a las cinco en punto esa mañana. Estaba solo en la parroquia porque hacía un tiempo que su
esposa, con su bebé recién nacido, tomaba el tren después del
trabajo hacia Ushida, un suburbio del norte, para pasar la noche
en casa de una amiga. De las ciudades importantes de Japón, Kyoto e Hiroshima eran las únicas que no habían sido visitadas por
B-*san* —o Señor B, como llamaban los japoneses a los B-29, con
una mezcla de respeto y triste familiaridad—; y el señor Tanimoto, como todos sus vecinos y amigos, estaba casi enfermo de ansie-
dad. Había escuchado versiones dolorosamente pormenorizadas
de bombardeos masivos a Kure, Iwakumi, Tokuyama y otras ciudades cercanas; estaba seguro de que el turno le llegaría pronto
a Hiroshima. Había dormido mal la noche anterior a causa de las
repetidas alarmas antiaéreas. Hiroshima había recibido esas alarmas casi cada noche y durante semanas enteras, porque en ese
tiempo los B-29 habían comenzado a usar el lago Biwa, al noreste de Hiroshima, como punto de encuentro, y las superforta-
lezas llegaban en tropel a las costas de Hiroshima sin importar
qué ciudad fueran a bombardear los norteamericanos. La fre-

cuencia de las alarmas y la continuada abstinencia del Señor B con respecto a Hiroshima habían puesto a la gente nerviosa. Corría el rumor de que los norteamericanos estaban reservando algo especial para la ciudad.

El señor Tanimoto era un hombre pequeño, presto a hablar, reír, llorar. Llevaba el pelo negro con raya en medio y más bien largo; la prominencia de su hueso frontal, justo encima de sus cejas, y la pequeñez de su bigote, de su boca y de su mentón, le daban un aspecto extraño, entre viejo y mozo, juvenil y sin embargo sabio, débil y sin embargo fogoso. Se movía rápida y nerviosamente, pero con un dominio que sugería un hombre cuidadoso y reflexivo. De hecho, mostró esas cualidades en los agitados días previos a la bomba. Aparte de decidir que su esposa pasara las noches en Ushida, el señor Tanimoto había estado trasladando todas las cosas portátiles de su iglesia, ubicada en el atestado distrito residencial de Nagaragawa, a una casa de propiedad de un fabricante de telas de rayón en Koi, a tres kilómetros del centro de la ciudad. El hombre de los rayones, un tal señor Matsuo, había abierto su propiedad, hasta entonces desocupada, para que varios amigos y conocidos pudieran evacuar lo que quisieran a una distancia prudente de los probables blancos de los ataques. Al señor Tanimoto no le había resultado difícil empujar él mismo una carretilla para transportar sillas, himnarios, Biblias, objetos de culto y registros de la iglesia, pero la consola del órgano y un piano vertical le exigían pedir ayuda. El día anterior, un amigo del mencionado Matsuo lo había ayudado a sacar el piano hasta Koi; a cambio, él le había prometido al señor Matsuo ayudarlo a llevar las pertenencias de una de sus hijas. Por eso se había levantado tan temprano.

El señor Tanimoto se preparó el desayuno. Se sentía terriblemente cansado. El esfuerzo de mover el piano el día anterior, una

noche de insomnio, semanas de preocupación y de dieta des-
equilibrada, los asuntos de su parroquia: todo se combinaba para
que apenas se sintiese preparado para el trabajo que le esperaba ese nuevo día. Había algo más: el señor Tanimoto había estudiado teología en Emory College, en Atlanta, Georgia; se había
graduado en 1940 y hablaba un inglés excelente; vestía con ropas
americanas; había mantenido correspondencia con varios amigos norteamericanos hasta el comienzo mismo de la guerra; y,
encontrándose entre gente obsesionada con el miedo de ser espia-
da –y quizás obsesionado él también–, descubrió que se sentía
cada vez más incómodo. La policía lo había interrogado varias
veces, y apenas unos días antes había escuchado que un conocido, un hombre de influencia llamado Tanaka, oficial retirado
de la línea de vapores Tokio Kishen Kaisa, anticristiano y famoso en Hiroshima por su ostentosa filantropía y notorio por su tira-
nía, había estado diciéndole a la gente que Tanimoto no era fiable. En forma de compensación, y para aparecer públicamente
como un buen japonés, el señor Tanimoto había asumido la
presidencia de su *tonarigumi* local, o Asociación de Vecinos, y
esta responsabilidad había sumado a sus otras tareas y preocu-
paciones la de organizar la defensa antiaérea para unas veinte
familias.

Esa mañana, antes de las seis, el señor Tanimoto salió hacia la
casa del señor Matsuo. Encontró allí la que sería su carga: un *tan-
su*, cómoda japonesa llena de ropas y artículos del hogar. Los dos
hombres partieron. Era una mañana perfectamente clara y tan
cálida que el día prometía volverse incómodo. Pocos minutos después se disparó la sirena: un estallido de un minuto de duración
que advertía de la presencia de aviones, pero que indicaba a la
gente de Hiroshima un peligro apenas leve, puesto que sonaba
todos los días, a esta misma hora, cuando se acercaba un avión

meteorológico norteamericano. Los dos hombres arrastraban el carrito por las calles de la ciudad. Hiroshima tenía la forma de un abanico: estaba construida principalmente sobre seis islas separadas por los siete ríos del estuario que se ramificaban hacia fuera desde el río Ota; sus barrios comerciales y residenciales más importantes cubrían más de seis kilómetros cuadrados del centro de la ciudad, y albergaban a tres cuartas partes de su población: diversos programas de evacuación la habían reducido de 380.000, la cifra más alta de la época de guerra, a unos 245.000 habitantes. Las fábricas y otros barrios residenciales, o suburbios, estaban ubicados alrededor de los límites de la ciudad. Al sur estaban los muelles, el aeropuerto y el mar Interior, tachonado de islas. Una cadena de montañas recorre los otros tres lados del delta. El señor Tanimoto y el señor Matsuo se abrieron camino a través del centro comercial, ya atestado de gente, y cruzaron dos de los ríos hacia las empinadas calles de Koi, y subieron por éstas hacia las afueras y las estribaciones. Subían por un valle, lejos ya de las apretadas filas de casas, cuando sonó la sirena de despeje, la que indicaba el final del peligro. (Habiendo detectado sólo tres aviones, los operadores de los radares japoneses supusieron que se trataba de una labor de reconocimiento.) Empujar el carrito hasta la casa del hombre de los rayones había sido agotador; tras empujar su carga hasta la entrada y las escaleras delanteras, los hombres hicieron una pausa para descansar. Un ala de la casa se interponía entre ellos y la ciudad. Como la mayoría de los hogares en esta parte de Japón, la casa consistía de un sólido tejado soportado por paredes de madera y una estructura también de madera. El zaguán, abarrotado de bultos de ropa de cama y prendas de vestir, parecía una cueva fresca llena de cojines gordos. Frente a la casa, hacia la derecha de la puerta principal, había un jardín amplio y recargado. No había ruido de aviones. Era una mañana tranquila; el lugar era fresco y agradable.

Entonces cortó el cielo un resplandor tremendo. El señor Tanimoto recuerda con precisión que viajaba de este a oeste, de la ciudad a las colinas. Parecía un haz de sol. Tanto él como el señor Matsuo reaccionaron con terror, y ambos tuvieron tiempo de reaccionar pues estaban a 3.200 metros del centro de la explosión. El señor Matsuo subió corriendo las escaleras, entró en su casa y se sepultó entre las mantas. El señor Tanimoto dio cuatro o cinco pasos y se echó al suelo entre dos rocas grandes del jardín. Se dio un fuerte golpe en el estómago contra una de ellas. Como tenía la cara contra la piedra, no vio lo que sucedió después. Sintió una presión repentina, y entonces le cayeron encima astillas y trozos de tablas y fragmentos de teja. No escuchó rugido alguno. (Casi nadie en Hiroshima recuerda haber oído nada cuando cayó la bomba. Pero un pescador que estaba en su sampán, muy cerca de Tsuzu en el mar Interior, el hombre con quien vivían la suegra y la cuñada del señor Tanimoto, vio el resplandor y oyó una explosión tremenda. Estaba a treinta y dos kilómetros de Hiroshima, pero el estruendo fue mayor que cuando los B-29 atacaron Iwakuni, a no más de ocho kilómetros de allí.)

Cuando finalmente se atrevió, el señor Tanimoto levantó la cabeza y vio que la casa del hombre de los rayones se había derrumbado. Pensó que una bomba había caído directamente sobre ella. Se había levantado una nube de polvo tal que había una especie de crepúsculo alrededor. Aterrorizado, incapaz de pensar por el momento que el señor Matsuo estaba bajo las ruinas, corrió hacia la calle. Se dio cuenta mientras corría de que la pared de cemento de la propiedad se había desplomado hacia el interior de la casa y no a la inversa. Lo primero que vio en la calle fue un escuadrón de soldados que habían estado cavando en la ladera opuesta uno de los miles de refugios en los cuales los japoneses se proponían resistir la invasión, colina por colina, vida por vida; los soldados salían del hoyo donde en teoría deberían haber estado a salvo, y la sangre brotaba de sus cabezas, de sus pechos, de sus espaldas. Estaban callados y aturdidos.

Bajo lo que parecía ser una nube de polvo local, el día se hizo más y más oscuro.

La noche antes de que cayera la bomba, casi a las doce, la estación de radio de la ciudad dijo que cerca de doscientos B-29 se acercaban al sur de Honshu, y aconsejó a la población de Hiroshima que evacuara hacia las "zonas seguras" designadas. La señora Hatsuyo Nakamura, la viuda del sastre, que vivía en la sección llamada Nobori-cho y que se había acostumbrado de tiempo atrás a hacer lo que se le decía, sacó de la cama a sus tres niños –Toshio, de diez años, Yaeko, de ocho, y una niña de cinco, Myeko–, los vistió y los llevó caminando a la zona militar conocida como Plaza de Armas del Oriente, al noreste de la ciudad. Allí desenrolló unas esteras para que los niños se acostaran. Durmieron hasta casi las dos, cuando los despertó el rugido de los aviones sobre Hiroshima.

Tan pronto como hubieron pasado los aviones, la señora Nakamura emprendió el camino de vuelta con sus niños. Llegaron a casa poco después de las dos y media y de inmediato la señora Nakamura encendió la radio, la cual, para su gran disgusto, ya anunciaba una nueva alarma. Cuando miró a los niños y vio lo cansados que estaban, y al pensar en la cantidad de viajes –todos inútiles– que había hecho a la Plaza de Armas del Oriente en las últimas semanas, decidió que, a pesar de las instrucciones

de la radio, no era capaz de comenzar de nuevo. Acostó a los
niños en sus colchones y a las tres en punto ella misma se recostó, y al instante se quedó dormida tan profundamente que después, cuando pasaron los aviones, no la despertó el ruido.

A eso de las siete la despertó el ulular de la sirena. Se levantó,
se vistió con rapidez y corrió hacia la casa del señor Nakamoto,
jefe de la Asociación de Vecinos de su barrio, para preguntarle
qué debía hacer. Él le dijo que debía quedarse en casa a menos
que sonara una alarma urgente: una serie de toques intermiten-
tes de la sirena. Regresó a casa, encendió la estufa de la cocina,
puso a hervir un poco de arroz y se sentó a leer el *Chugoku* de
Hiroshima de la mañana. Para su gran alivio, la sirena de despeje
sonó a las ocho. Oyó que los niños comenzaban a despertarse,
así que les dio a cada uno un puñado de cacahuetes y les dijo,
puesto que la caminata de la noche los había agotado, que se que-
daran en sus colchones. Esperaba que volvieran a dormirse, pero
el hombre de la casa al sur de la suya empezó a montar un albo-
roto terrible martillando, astillando, aserrando y partiendo madera. El gobierno de prefectura, convencida como todo el mundo
en Hiroshima de que la ciudad sería atacada pronto, había comenzado a presionar con amenazas y advertencias para que se cons-
truyeran amplios carriles cortafuegos, los cuales, se esperaba,
actuarían en conjunción con los ríos para aislar cualquier incendio consecuencia de un ataque; y el vecino sacrificaba su casa a
regañadientes en beneficio de la seguridad ciudadana. El día anterior, la prefectura había ordenado a todas las niñas físicamente
capaces de las escuelas secundarias que ayudaran durante algunos días a despejar estos carriles, y ellas comenzaron a trabajar
tan pronto como sonó la sirena de despeje.

La señora Nakamura regresó a la cocina, vigiló el arroz y empezó a observar a su vecino. Al principio, el ruido que hacía el hom-

bre la irritaba, pero luego se sintió conmovida casi hasta las lágrimas. Sus emociones se dirigían específicamente hacia su vecino, aquel hombre que echaba su propio hogar abajo, tabla por
tabla, en momentos en que había tanta destrucción inevitable,
pero indudablemente sentía también cierta lástima generaliza-
da y comunitaria, y eso sin mencionar la que sentía por sí misma. Las cosas no habían sido fáciles para ella. Su marido, Isawa, había sido reclutado justo después del nacimiento de Myeko,
y no había tenido noticias suyas hasta el 5 de marzo de 1942,
día en que recibió un telegrama de siete palabras: "Isawa tuvo
una muerte honorable en Singapur". Supo después que había
muerto el 15 de febrero, día de la caída de Singapur, y que había
llegado a cabo. Isawa no había sido un sastre particularmente
próspero, y su único capital era una máquina de coser Sankoku. Después de su muerte, cuando su pensión dejó de llegar, la
señora Nakamura sacó la máquina y empezó a aceptar trabajos
a destajo, y desde entonces mantenía a los niños –pobremente,
eso sí– mediante la costura.

La señora Nakamura estaba de pie, mirando a su vecino, cuando todo brilló con el blanco más blanco que jamás hubiera visto. No se dio cuenta de lo ocurrido a su vecino; los reflejos de
madre le dirigieron hacia sus hijos. Había dado un paso (la casa
estaba a 1.234 metros del centro de la explosión) cuando algo la
levantó y la envió en volandas al cuarto vecino, sobre la plata-
forma de dormir, seguida de partes de su casa.

Trozos de madera le llovieron encima cuando cayó al piso, y
una lluvia de tejas la aporreó; todo se volvió oscuro, porque había
quedado sepultada. Los escombros no la enterraron profundamente. Se levantó y logró liberarse. Escuchó a un niño que gritaba: "¡Mamá, ayúdame!", y vio a Myeko, la menor –tenía cinco años– enterrada hasta el pecho e incapaz de moverse. Al

avanzar hacia ella, abriéndose paso a manotazos frenéticos, la
señora Nakamura se dio cuenta de que no veía ni oía a sus otros
niños.

Durante los días inmediatamente anteriores a la bomba, el doctor Masakazu Fujii, un hombre próspero y hedonista que en ese
momento no tenía demasiadas ocupaciones, se había dado el lujo
de dormir hasta las nueve o nueve y media, pero la mañana de
la bomba había tenido que levantarse temprano para despedir
a un huésped que se iba en tren. Se levantó a las seis, y media
hora después partió con su amigo hacia la estación, que no estaba lejos de su casa, pues sólo había que atravesar dos ríos. Para
cuando dieron las siete, ya estaba de vuelta en casa: justo cuando empezaron las señales de alarma continuada. Desayunó; entonces, puesto que el día comenzaba a calentarse, se desvistió y salió
a su porche a leer el diario en calzoncillos. Este porche —todo el
edificio, en realidad— estaba curiosamente construido. El doctor Fujii era propietario de una institución peculiarmente japonesa: una clínica privada de un solo doctor. La construcción, que
daba a la corriente vecina del río Kyo, y justo al lado del puente del mismo nombre, contenía treinta habitaciones para treinta
pacientes y sus familiares —ya que, de acuerdo a la tradición japonesa, cuando una persona se enferma y es recluida en un hospital, uno o más miembros de su familia deben ir a vivir con ella,
para bañarla, cocinar para ella, darle masajes y leerle, y para ofre-
cerle el infinito consuelo familiar sin el cual un paciente japonés se sentiría profundamente desgraciado—. El doctor Fujii no
tenía camas para sus pacientes, sólo esteras de paja. Sin embargo,
tenía todo tipo de equipos modernos: una máquina de rayos X,
aparatos de diatermia y un elegante laboratorio con suelo y pare-

des de baldosa. Dos tercios de la estructura descansaban en la tierra y un tercio en pilares, sobre las fuertes corrientes del Kyo. Este alero (la parte en la cual vivía el doctor Fujii) tenía un aspecto extraño; pero era fresco en verano, y desde el porche, que daba la espalda a la ciudad, la imagen de las embarcaciones de recreo llevadas por la corriente del río resultaba siempre refrescante. El doctor Fujii había pasado momentos ocasionales de preocupación cuando el Ota y sus ramales se desbordaban, pero los pilotes eran lo bastante fuertes, al parecer, y la casa siempre había resistido.

Durante cerca de un mes el doctor Fujii se había mantenido relativamente ocioso, puesto que en julio, mientras el número de ciudades japonesas que permanecían intactas era cada vez menor e Hiroshima parecía cada vez más un objetivo probable, había comenzado a rechazar pacientes, alegando que no sería capaz de evacuarlos en caso de un ataque aéreo. Ahora le quedaban sólo dos: una mujer de Yano, lesionada en un hombro, y un joven de veinticinco años que se recuperaba de quemaduras sufridas cuando la metalúrgica en la que trabajaba, cerca de Hiroshima, fue alcanzada por una bomba. El doctor Fujii contaba con seis enfermeras para atender a sus pacientes. Su esposa y sus niños se encontraban a salvo: ella y uno de sus hijos vivían en las afueras de Osaka; su otro hijo y sus dos hijas vivían en el campo, en Kyushu. Una sobrina vivía con él, igual que una mucama y un mayordomo. Tenía poco trabajo y no le importaba, porque había ahorrado algún dinero. A sus cincuenta años, era un hombre sano, cordial y sereno, y le agradaba pasar las tardes con sus amigos, bebiendo whisky —siempre con prudencia—, por el gusto de la conversación. Antes de la guerra había hecho ostentación de marcas importadas de Escocia y los Estados Unidos; ahora se contentaba plenamente con la mejor marca japonesa, Suntory.

El doctor Fujii se sentó sobre la estera inmaculada del porche, en calzoncillos y con las piernas cruzadas, se puso los lentes y comenzó a leer el *Asahi* de Osaka. Le gustaba leer las noticias de Osaka porque allí estaba su esposa. Vio el resplandor. Le pareció —a él, que le daba la espalda al centro y estaba mirando su diario— de un amarillo brillante. Asustado, comenzó a levantarse. En ese instante (se encontraba a 1.416 metros del centro) el hospital se inclinó a sus espaldas y, con un terrible y desgarrador estruendo, cayó al río. El doctor, todavía en el acto de ponerse de pie, fue arrojado hacia adelante, fue sacudido y volteado; fue zarandeado y estrujado; perdió noción de todo por la velocidad con que ocurrieron las cosas; entonces sintió el agua.

El doctor Fujii apenas había tenido tiempo de pensar que se moría cuando se percató de que estaba vivo, atrapado entre dos largas vigas que formaban una V sobre su pecho como un bocado suspendido entre dos palillos gigantescos, vertical e inmóvil, su cabeza milagrosamente sobre el nivel del agua y su torso y piernas sumergidos. A su alrededor, los restos de su hospital eran un absurdo amasijo de maderos astillados y remedios para el dolor. Su hombro izquierdo le dolía terriblemente. Sus lentes habían desaparecido.

En la mañana de la explosión, el padre Wilhelm Kleinsorge, de la Compañía de Jesús, se encontraba algo débil. La dieta japonesa de guerra no lo había alimentado, y sentía la presión de ser extranjero en un Japón cada vez más xenófobo: desde la derrota de su patria, incluso un alemán era poco popular. A sus treinta y ocho años, el padre Kleinsorge tenía el aspecto de un niño que crece demasiado rápido: delgado de rostro, con una prominente nuez, pecho hundido, manos flojas y pies grandes. Caminaba con torpeza, inclinado un poco hacia delante. Siempre estaba cansado. Para empeorar las cosas, había sufrido durante dos días, junto al padre Cieslik, una diarrea pertinaz y bastante dolorosa de la cual culpaban a las judías y a la ración de pan negro que los obligaban a comer. Los otros dos sacerdotes que vivían en la misión de Nobori-cho —el padre superior La Salle y el padre Schiffer— no habían sido afectados por la dolencia.

El padre Kleinsorge se levantó a eso de las seis la mañana en que cayó la bomba, y media hora después —estaba un poco aletargado por su enfermedad— comenzó a decir misa en la capilla de la misión, un pequeño edificio de madera estilo japonés que no tenía bancos, puesto que sus feligreses se ponían de rodillas sobre las acostumbradas esteras japonesas, de cara a un altar adornado con sedas espléndidas, bronce, plata, bordados finos. Esta mañana, lunes, los únicos feligreses eran el señor Takemoto, un estudiante de teología que vivía en la casa de la misión; el señor Fukai, secretario de la diócesis; la señora Murata, ama de llaves de la misión y devotamente cristiana; y sus colegas sacerdotes. Después de la misa, mientras el padre Kleinsorge leía las oraciones de Acción de Gracias, sonó la sirena. Suspendió el servicio y los misioneros se retiraron cruzando el complejo de la misión hacia el edificio más grande. Allí, en su habitación de la planta baja, a la derecha de la puerta principal, el padre Kleinsorge se cambió a un uniforme militar que había adquirido cuando fue profesor de la escuela intermedia Rokko, en Kobe, un uniforme que le gustaba llevar puesto durante las alarmas antiaéreas.

Después de una alarma, el padre Kleinsorge solía salir y escudriñar el cielo, y al salir esta vez se alegró de no ver más que el solitario avión meteorológico que sobrevolaba Hiroshima todos los días a esta misma hora. Seguro de que nada iba a pasar, regresó adentro y junto a los otros padres desayunó un sucedáneo de café y su ración de pan, que le resultaron especialmente repugnantes bajo las circunstancias. Los padres conversaron durante un rato, hasta que escucharon, a las ocho, la sirena de despeje. Entonces se dirigieron a diversas partes del edificio. El padre superior La Salle se quedó de pie junto a la ventana de su habitación, pensando. El padre Kleinsorge subió a una habitación del tercer piso, se quitó toda la ropa, excepto la interior, se acostó en su catre sobre el costado derecho y comenzó a leer su *Stimmen der Zeit.*

Después del terrible relámpago —el padre Kleinsorge se percató más tarde de que el resplandor le había recordado algo leído en su infancia acerca de un meteorito que se estrellaba contra la tierra— tuvo apenas tiempo (puesto que se encontraba a 1.280 metros del centro) para un pensamiento: una bomba nos ha caído encima. Entonces, durante algunos segundos o quizás minutos, perdió la conciencia.

El padre Kleinsorge nunca supo cómo salió de la casa. Cuando volvió en sí, se encontraba deambulando en ropa interior por los jardines de hortalizas de la misión, sangrando levemente por pequeños cortes a lo largo de su flanco izquierdo; se dio cuenta de que todos los edificios de los alrededores se habían caído, excepto la misión de los jesuitas, que tiempo atrás había sido apuntalada y vuelta a apuntalar por un sacerdote llamado Gropper que le tenía pavor a los terremotos; se dio cuenta de que el día se había oscurecido; y de que Murata-*san*, el ama de llaves, se encontraba cerca, gritando: "*Shu Jesusu, awaremi tamai!* ¡Jesús, nuestro señor, ten piedad de nosotros!".

En el tren que llegaba a Hiroshima desde el campo (donde vivía con su madre), el doctor Terufumi Sasaki, cirujano del hospital de la Cruz Roja, recordaba una desagradable pesadilla que había tenido la noche anterior. La casa de su madre estaba en Mukaihara, a cincuenta kilómetros de la ciudad, y llegar al hospital le tomó dos horas en tren y tranvía. Había dormido mal toda la noche y se había despertado una hora antes de lo acostumbrado; se sentía lento y levemente afiebrado, y llegó a pensar en no ir al hospital. Pero su sentido del deber finalmente se impuso, así que tomó un tren anterior al que tomaba casi todas las mañanas. El sueño lo había asustado particularmente porque estaba relacionado, por lo menos de manera superficial, con cierta actualidad molesta. El doctor tenía apenas veinticinco años y acababa de completar su formación en la Universidad Médica de Oriente, en Tsingtao, China. Tenía su lado idealista, y lo preocupaba la insuficiencia de instalaciones médicas de la región en que vivía su madre. Por su propia iniciativa y sin licencia oficial alguna había comenzado a visitar enfermos de la zona durante las tardes, después de sus ocho horas en el hospital y cuatro de trayecto. Recientemente se había enterado de que la multa por ejercer sin licencia era severa; un colega al cual había consultado al respecto le había dado una seria reprimenda. Él, sin embargo, había seguido haciéndolo. En su sueño estaba junto a la cama de un paciente, en el campo, cuando irrumpieron en la habitación la policía y el colega al que había consultado, lo agarraron, lo arrastraron afuera y lo golpearon con saña. En el tren se había casi decidido a abandonar el trabajo en Mukaihara, convencido de que sería imposible obtener una licencia: las autoridades sostendrían que ese trabajo entraba en conflicto con sus labores en el hospital de la Cruz Roja.

Pudo conseguir un tranvía tan pronto como llegó a la terminal. (Después calcularía que si hubiera tomado el tren de siempre esa mañana, y si hubiera tenido que esperar algunos minu-

tos a que pasara el tranvía, habría estado mucho más cerca del
centro al momento de la explosión, y probablemente estaría
muerto.) Llegó al hospital a las siete y cuarenta y se presentó ante
el cirujano jefe. Pocos minutos después subió a una habitación
del primer piso y obtuvo una muestra de sangre de un hombre
para realizar un test de Wassermann. Los incubadores para el
test estaban en un laboratorio del tercer piso. Con la muestra
en la mano izquierda, sumido en esa especie de distracción que
había sentido toda la mañana —acaso debida a la pesadilla y a
la mala noche que había pasado—, comenzó a caminar a lo largo del corredor principal hacia las escaleras. Acababa de pasar
junto a una ventana abierta cuando el resplandor de la bomba
se reflejó en el corredor como un gigantesco flash fotográfico. Se
apoyó sobre una rodilla y se dijo, como sólo un japonés se diría:
"Sasaki, *gambare*! ¡Sé valiente!" Justo entonces (el edificio estaba
a 1.508 metros del centro) el estallido irrumpió en el hospital.
Sus lentes volaron; sus sandalias japonesas salieron disparadas
de sus pies. Pero aparte de eso, gracias a donde se encontraba, no
sufrió daño alguno.

El doctor Sasaki llamó a gritos al cirujano jefe, corrió a buscarlo
en su oficina y lo encontró terriblemente herido por los vidrios.
La confusión en el hospital era espantosa: tabiques pesados y trozos del techo habían caído sobre los pacientes, las camas habían sido volteadas, había sangre en las paredes y en el suelo,
los instrumentos estaban por todas partes, los pacientes corrían
de aquí para allá, gritando, y otros yacían muertos. (Un colega
que trabajaba en el laboratorio al cual se dirigía el doctor Sasaki estaba muerto; un paciente al cual el doctor Sasaki acababa de
dejar, que poco antes había tenido un miedo terrible a contraer
la sífilis, estaba muerto.) El doctor Sasaki era el único doctor en
el hospital que no estaba herido.

El doctor Sasaki, convencido de que el enemigo sólo había alcanzado el edificio en el cual se encontraba, consiguió vendas y comenzó a envolver las heridas de los que estaban dentro del hospital; mientras tanto, afuera, en Hiroshima, ciudadanos mutilados y agonizantes comenzaban a dar pasos vacilantes hacia el hospital de la Cruz Roja, dando inicio a una invasión que haría que el doctor Sasaki se olvidara de su pesadilla por mucho, mucho tiempo.

El día en que cayó la bomba, la señorita Toshiko Sasaki, empleada de la Fábrica Oriental de Estaño (y que no era pariente del doctor Sasaki), se despertó a las tres de la mañana. Tenía más quehaceres que de costumbre. Su hermano Akio, de once años, había llegado el día anterior aquejado de serias molestias estomacales; su madre lo había llevado al hospital pediátrico de Tamura y se había quedado a acompañarlo. La señorita Sasaki, de poco más de veinte años, tuvo que preparar desayuno para su padre, un hermano, una hermana y para ella misma; y –puesto que, debido a la guerra, al hospital no le era posible dar comidas– tuvo que preparar las de un día entero para su madre y su hermano menor, y todo eso a tiempo para que su padre, que trabajaba en una fábrica haciendo tapones plásticos para los oídos de los artilleros, se llevara la comida de camino a la planta. Cuando hubo terminado, limpiado y guardado los utensilios de cocina, eran casi las siete. La familia vivía en Koi, y a la señorita Sasaki le esperaba un trayecto de cuarenta y cinco minutos hasta la fábrica de estaño, ubicada en una parte de la ciudad llamada Kannonmachi (ella estaba a cargo de los registros de personal en la fábrica). Salió de Koi a las siete; tan pronto como llegó a la planta, fue con otras chicas al auditorio. Un conocido marino local, anti-

guo empleado, se había suicidado el día anterior arrojándose a
las vías del tren —una muerte considerada lo suficientemente honorable como para merecer un servicio funerario que tendría lugar
a las diez de la mañana en la fábrica de estaño—. En el amplio
zaguán, la señorita Sasaki y las otras arreglaban los preparati-
vos para la reunión. Esta labor les llevó unos veinte minutos.

La señorita Sasaki regresó a su oficina y tomó asiento frente a
su escritorio. Estaba bastante lejos de las ventanas a su izquierda; detrás de ella había un par de altas estanterías que conte-
nían todos los libros de la biblioteca de la fábrica: el personal
del departamento las había organizado. Se acomodó, metió algunas cosas en un cajón y movió unos papeles. Pensó que antes
de comenzar a hacer entradas en sus listas de contratos, despidos
y alistamientos en el ejército, conversaría un rato con la chica
de su derecha. Justo al girar la cabeza y dar la espalda a la ventana, el salón se llenó de una luz cegadora. Quedó paralizada
de miedo, clavada en su silla durante un largo momento (la planta estaba a 1.462 metros del centro).

Todo se desplomó, y la señorita Sasaki perdió la conciencia.
El techo se derrumbó de repente y la planta superior de madera se hizo astillas y los que estaban sobre ella se precipitaron hacia
abajo, lo mismo que el tejado. Pero lo principal y lo más importante fue que las estanterías que estaban justo detrás de ella se
volcaron hacia delante, los libros la derribaron y ella quedó con
su pierna izquierda horriblemente retorcida, partiéndose bajo
su propio peso. Allí, en la fábrica de estaño, en el primer momento de la era atómica, un ser humano fue aplastado por libros.

II
EL FUEGO

*I*nmediatamente después de la explosión, tras escapar corriendo de la propiedad de Matsuo y de haber visto con asombro los soldados sangrando en la boca del refugio que estaban escavando, el reverendo Kiyoshi Tanimoto se unió a una anciana que caminaba, sola y aturdida, sosteniéndose la cabeza con la mano izquierda, llevando a su espalda a un niño de tres o cuatro años y gritando: "¡Estoy herida! ¡Estoy herida! ¡Estoy herida!". El señor Tanimoto cargó al niño, tomó de la mano a la mujer y la condujo a través de una calle oscurecida por lo que parecía ser una columna de polvo. Llevó a la mujer a una escuela no lejos de allí, previamente designada para servir como hospital en caso de emergencia. Mediante esta acción servicial, el señor Tanimoto se liberó del miedo. En la escuela lo sorprendió encontrar vidrios en el suelo y cincuenta o sesenta personas esperando ya para ser atendidas. Pensó que, aunque la sirena había sonado y no se habían escuchado aviones, varias bombas habían debido de caer. Recordó un pequeño montículo en el jardín del hombre de los rayones desde el cual se podía ver todo Koi –de hecho, toda Hiroshima– y corrió de vuelta a la propiedad.

Desde el montículo, el señor Tanimoto vio un panorama que lo dejó estupefacto. No sólo una zona de Koi, como había creído, sino también la parte entera de Hiroshima que podía ver a través del aire turbio despedían un efluvio denso y espantoso.

Aquí y allá, nubes de humo habían comenzado a abrirse paso a través del polvo. Se preguntó cómo de un cielo silencioso podía haber llovido semejante destrucción; incluso unos pocos aviones volando alto habrían sido detectados. Las casas vecinas ardían; cuando comenzaron a caer gotas de agua del tamaño de canicas, el señor Tanimoto creyó que venían de las mangueras de los bomberos que luchaban contra el incendio. (En realidad, eran gotas de humedad condensada que caían de la turbulenta torre de polvo, aire caliente y fragmentos de fisión que ya se había elevado varios kilómetros sobre Hiroshima.)

El señor Tanimoto se alejó de la escena cuando escuchó que lo llamaba el señor Matsuo, preguntando si se encontraba bien. El señor Matsuo había permanecido a salvo dentro de la casa que se caía, protegido por la ropa de cama que guardaba en el vestíbulo, y había conseguido abrirse paso hacia el exterior. El señor Tanimoto apenas contestó. Pensaba en su esposa y su bebé, su iglesia, su hogar, sus parroquianos, todos hundidos en aquella oscuridad horrible. Una vez más echó a correr de miedo; esta vez hacia la ciudad.

Después de la explosión, la señora Hatsuyo Nakamura, la viuda del sastre, salió con gran esfuerzo de entre las ruinas de su casa, y al ver a Myeko, la menor de sus tres hijos, enterrada hasta el pecho e incapaz de moverse, se arrastró entre los escombros y empezó a tirar de maderos y a retirar tejas en un esfuerzo por liberar a la niña. Entonces escuchó dos voces pequeñas que parecían salir de las profundidades: "*Tasukete! Tasukete!* ¡Auxilio! ¡Auxilio!". Pronunció los nombres de su hijo de diez años, de su hija de ocho: "¡Toshio! ¡Yaeko!".

Las voces que venían de abajo respondieron.

La señora Nakamura abandonó a Myeko, que al menos podía respirar, y empezó frenéticamente a retirar escombros. Los niños habían estado durmiendo a más de tres metros el uno del otro, pero ahora sus voces parecían provenir del mismo lugar. El niño, Toshio, tenía al parecer cierta libertad de movimiento, porque su madre lo podía escuchar moverse bajo la montaña de madera y baldosas al tiempo que ella trabajaba desde arriba. Cuando por fin vio su cabeza tiró de ella para sacarlo. Un mosquitero se había enredado intrincadamente en sus pies como si alguien los hubiera envuelto con cuidado. Dijo que había saltado por los aires a través de la habitación, y que bajo los escombros había permanecido sobre su hermana Yaeko. Ahora ella decía, desde abajo, que no podía moverse porque había algo sobre sus piernas. Escarbando un poco más, la señora Nakamura abrió un agujero sobre la niña y empezó a tirar de su brazo. "*Itai!* ¡Duele!", exclamó Yaeko. La señora Nakamura gritó: "No hay tiempo de decir si duele o no", y tiró de la niña mientras ésta lloriqueaba. Entonces liberó a Myeko. Los niños estaban sucios y magullados, pero no tenían ni un corte, ni un rasguño.

La señora Nakamura los sacó a la calle. No llevaban nada encima, salvo su ropa interior, y, aunque el día era cálido, confusamente se preocupó de que fueran a pasar frío, así que regresó a los escombros y hurgó en ellos buscando un atado de ropas que había empacado para una emergencia, y vistió a los niños con pantalones, camisas, zapatos, cascos anti bombardeos forrados de algodón llamados *bokuzuki* e incluso, absurdamente, con abrigos. Los niños estaban callados, salvo Myeko, la de cinco años, que no paraba de hacer preguntas: "¿Por qué se ha hecho de noche tan temprano? ¿Por qué se ha caído nuestra casa? ¿Qué ha pasado?". La señora Nakamura, que ignoraba qué había pasado (¿acaso no había sonado la sirena de despeje?), miró a su alrededor y a través de la oscuridad vio que todas las casas de su barrio se habían derrumbado. La casa vecina, la que estaba siendo demolida por su dueño para abrir un carril cortafuegos, había sido completamente demolida (si bien de forma algo rudimentaria); el dueño, que había querido sacrificar su hogar por la comunidad, yacía muerto. La señora Nakamoto, esposa del jefe de la Asociación de Vecinos local, cruzó la calle hacia ella con la cabeza cubierta de sangre, y dijo que su niño tenía cortes graves; ¿tenía la señora Nakamura algún tipo de vendas? La señora Nakamura no tenía vendas, pero volvió a los restos de su casa y sacó de entre los escombros una tela blanca que había utilizado en su trabajo como costurera, la cortó en tiras y se la dio a la señora Nakamoto. Al buscar la tela, vio por casualidad su máquina de coser; regresó por ella y la arrastró afuera. Pero, obviamente, no podía llevarla consigo, así que arrojó el símbolo de su sustento en el recipiente que durante semanas había sido el símbolo de su seguridad: un tanque de agua frente a su casa, el tipo de tanque que se le había ordenado construir a todas las familias en previsión de un probable ataque aéreo.

La señora Hataya, una nerviosa vecina, le propuso a la señora Nakamura escapar hacia los bosques del parque Asano, una propiedad junto al río Kyo perteneciente a la familia Asano, los adinerados dueños de la línea de vapores Kisen Kaisha. El parque había sido señalado como zona de evacuación para su vecindario. Pero la señora Nakamura había visto un incendio en unos escombros cercanos (excepto en el centro, donde la bomba había causado algunos incendios, casi todas las conflagraciones en Hiroshima fueron causadas por destrozos inflamables que caían sobre estufas y cables eléctricos), y sugirió acudir a apagarlo. La señora Hataya dijo: "No seas tonta. ¿Y si vienen más aviones y arrojan más bombas?". Así que la señora Nakamura se dirigió al parque con sus hijos y la señora Hataya, llevando su atado de ropa de emergencia, una sábana, un paraguas y una maleta con cosas que había escondido en su refugio antiaéreo. Al pasar junto a varios escombros oyeron gritos ahogados de auxilio. El único edificio que estaba aún de pie era la casa de la misión jesuita, que quedaba junto al jardín de infancia católico al cual la señora Nakamura había enviado a Myeko durante largo tiempo. Al pasar junto al edificio vio al padre Kleinsorge salir corriendo, en calzoncillos cubiertos de sangre y con una maleta pequeña en la mano.

Justo después de la explosión, mientras el padre Wilhelm Kleinsorge, S.J., deambulaba por el huerto en ropa interior, el padre superior La Salle dobló a oscuras una esquina del edificio. Su cuerpo, y en particular su espalda, sangraban; el resplandor le había hecho apartarse de la ventana y había sido alcanzado por trozos de cristal. El padre Kleinsorge, todavía perplejo, alcanzó a preguntar: "¿Dónde están todos?". Entonces aparecieron los otros dos sacerdotes que vivían en la misión —el padre Cieslik, ileso, sostenía al padre Schiffer, muy pálido y cubierto por la sangre que manaba de un corte en su oreja izquierda—. El padre Cieslik estaba bastante orgulloso de sí mismo: después del resplandor se había protegido bajo el marco de una puerta —el lugar que, según había pensado previamente, sería el más seguro del edificio—, y la explosión no le había causado heridas. El padre La Salle le dijo al padre Cieslik que llevara al padre Schiffer a un doctor antes de que muriera desangrado, y sugirió dos posibilidades: el doctor Kanda, que vivía en la esquina, o el doctor Fujii, a seis calles de allí. Los dos hombres salieron del complejo y caminaron calle arriba.

La hija del señor Hoshijima, catequista de la misión, corrió a buscar al padre Kleinsorge y le dijo que su madre y su hermana estaban enterradas bajo las ruinas de su casa, detrás del complejo jesuita, y al mismo tiempo los sacerdotes se percataron de que la casa de la profesora del jardín de infancia católico, en la parte delantera del complejo, le había caído encima a su propietaria. Mientras el padre La Salle y la señora Murata, el ama de llaves de la misión, sacaban a la profesora de entre los escombros, el padre Kleinsorge se dirigió a la casa del catequista y empezó a quitar cosas de la parte superior de la pila. No salía sonido alguno de debajo; estaba seguro de que las Hoshijima estaban muertas. Por fin, bajo lo que había sido una parte de la cocina, vio la cabeza de la señora Hoshijima. Empezó a tirarla de los cabellos, convencido de que estaba muerta, pero de repente ella gritó: "*Itai! Itai!* ¡Duele! ¡Duele!". Escarbó un poco más y logró sacarla. También logró encontrar a su hija entre los escombros y la liberó. Ninguna de las dos tenía heridas graves.

Junto a la misión, un baño público se había incendiado; pero, puesto que allí el viento soplaba del sur, los sacerdotes confiaron en que la casa se salvaría. Como medida de precaución, sin embargo, el padre Kleinsorge entró a buscar algunas cosas que quería rescatar. Su habitación estaba en un estado de extraña, ilógica confusión. Un botiquín de primeros auxilios colgaba de un gancho en la pared, tal cual había estado siempre; pero sus ropas, que colgaban de otros ganchos cercanos, habían desaparecido. Su escritorio estaba roto en pedazos y desparramado por la habitación, pero una simple maleta de *papier-mâché* que había escondido bajo el escritorio estaba junto a la puerta, a la vista, con la manija hacia arriba y sin un rasguño. Después, el padre Kleinsorge empezó a considerar estos hechos como una especie de interferencia divina, en cuanto a que la maleta contenía su breviario, los libros de contabilidad de la diócesis entera y una considerable cantidad de dinero en efectivo perteneciente a la misión y del cual él era responsable. Salió corriendo de la casa y depositó la maleta en el refugio antiaéreo de la misión.

Más o menos al mismo tiempo, el padre Cieslik y el padre Schiffer —de cuya herida todavía salía sangre a borbotones— regresaron diciendo que la casa del doctor Kanda estaba en ruinas y que el fuego les había impedido salir de lo que parecía ser el círculo local de destrucción para llegar al hospital privado del doctor Fujii, sobre la orilla del río Kyo.

El hospital del doctor Masakazu Fujii ya no estaba sobre la orilla del río Kyo; estaba dentro del río. Tras la caída, el doctor Fujii quedó tan estupefacto y aprisionado tan firmemente entre las vigas que tenía sobre el pecho que al principio fue incapaz de moverse, y durante veinte minutos permaneció allí, en la mañana oscurecida. Entonces algo se le ocurrió —que muy pronto la corriente entraría por los estuarios y su cabeza quedaría sumergida—, y esto lo llenó de energía temerosa; se volteó, retorció y ejerció tanta fuerza como pudo (aunque su brazo izquierdo, debido al dolor en el hombro, no le servía de nada), y poco después ya se había liberado de la tenaza. Tras un rato de descanso escaló la pila de maderos y, al encontrar uno que se inclinaba hacia la orilla, trepó, dolorido, sobre él.

El doctor Fujii estaba en ropa interior, y ahora se encontraba sucio y empapado. Su camiseta estaba rota, la sangre manaba de sus heridas graves en el mentón y en la espalda. Confundido, salió al puente Kyo, junto al cual había estado su hospital. El puente no se había caído. Sin sus lentes, el doctor veía mal, pero sí lo suficiente como para sorprenderse de la cantidad de casas caídas que había alrededor. En el puente se encontró con un amigo, un doctor llamado Machii, y le preguntó desconcertado: "¿Qué crees que ha sido eso?".

El doctor Machii dijo: "Debió de ser un *Molotoffano hanakago*", una canasta de flores Molotov, delicado nombre japonés para la bomba de dispersión automática.

Al principio el doctor Fujii podía ver dos incendios, uno cruzando el río desde el terreno de su hospital y el otro bastante lejos hacia el sur. Pero al mismo tiempo, el doctor y su amigo observaron algo que los dejó perplejos y que, en tanto que médicos, discutieron: aunque todavía hubiera pocos incendios, gente herida atravesaba el puente en un interminable desfile de miseria, y muchos de ellos presentaban quemaduras terribles en la cara y en las manos. "¿A qué crees que se deba?", preguntó el doctor Fujii. Incluso una hipótesis bastaba ese día para reconfortarlos, y el doctor Machii se aferró a ello. "Quizá fue un cóctel Molotov", dijo.

No había soplado la brisa esa madrugada (cuando el doctor Fujii había llegado a la estación a despedir a su amigo) pero ahora soplaban vientos rápidos en todas las direcciones; aquí, en el puente, el viento soplaba del este. Brotaban nuevos fuegos y se propagaban con velocidad, y en poco tiempo ráfagas terribles de aire caliente y lluvias de ceniza hicieron imposible permanecer sobre el puente. El doctor Machii corrió hacia el lado opuesto del río y por una calle que aún no se había encendido. El doctor Fujii descendió al río y se refugió en el agua bajo el puente, donde una veintena de personas –entre ellas sus sirvientes, que habían escapado de los destrozos– ya se habían refugiado. Desde allí, el doctor Fujii vio a una enfermera colgando por las piernas de los maderos de su hospital, y otra inmovilizada dolorosamente por un madero sobre su pecho. Reclutó a varios ayudantes y liberó a ambas. Por un momento creyó escuchar la voz de su sobrina, pero no pudo encontrarla; nunca volvió a verla. Cuatro de sus enfermeras y dos de sus pacientes también murieron. El doctor regresó al agua y esperó a que el fuego cediera.

La suerte que corrieron los doctores Fujii, Kanda y Machii —y, puesto que sus casos son típicos, la que corrió la mayoría de los médicos y cirujanos de Hiroshima—, con sus oficinas y hospitales destruidos, sus equipos dispersos, sus cuerpos incapacitados en grados diversos, explicó por qué no se atendió a muchos ciudadanos heridos y por qué muchos que habrían podido salvarse murieron. De ciento cincuenta doctores en la ciudad, sesenta y cinco fallecieron, y los demás resultaron heridos. De 1.780 enfermeras, 1.654 murieron o estaban demasiado graves para trabajar. En el hospital más grande, el de la Cruz Roja, sólo seis doctores de treinta eran capaces de trabajar, lo mismo que sólo diez enfermeras entre más de doscientas. El único médico ileso del personal de la Cruz Roja fue el doctor Sasaki. Tras la explosión, se dirigió a toda prisa al almacén para buscar vendajes. Como todas las que había visto mientras corría por el hospital, esta habitación estaba en total caos: botellas de medicina despedidas desde las estanterías y rotas, ungüentos salpicados sobre las paredes, instrumentos desparramados por todas partes. Cogió varios vendajes y una botella de mercurocromo que no estaba rota, volvió junto al cirujano jefe y le vendó sus heridas. Entonces salió al corredor y comenzó a atender a los pacientes heridos, a las enfermeras y a los doctores. Pero cometía tantos errores que tomó un par de lentes de la cara de una enfermera herida, y, aunque sólo compensaban parcialmente los defectos de su visión, eran mejor que nada. (Habría de depender de ellos durante más de un mes.)

El doctor Sasaki trabajaba sin método, atendiendo primero a
los que tenía más cerca, y pronto notó que el corredor parecía
llenarse más y más. Mezcladas con las excoriaciones y las laceraciones que la mayoría de pacientes había sufrido, el doctor
empezó a encontrar quemaduras espantosas. Se percató entonces de que empezaban a llegar del exterior avalanchas de víctimas. Eran tantas que el doctor comenzó a postergar a los heridos más leves; decidió que lo único que podía hacer era evitar
que la gente muriera desangrada. Poco después había pacientes
acuclillados sobre el suelo de la sala, en los laboratorios y en todas
las otras habitaciones, y en los corredores, y en las escaleras, y
en el zaguán de entrada, y bajo la puerta cochera, y sobre las escaleras de piedra del frente, y en la entrada y en el patio, y a lo
largo de varias manzanas en ambas direcciones de la calle. Los
heridos ayudaban a los mutilados; familiares desfigurados se apoyaban los unos en los otros. Muchos vomitaban. Numerosas alum-
nas –algunas de aquellas que habían salido de sus clases para trabajar en la apertura de corredores cortafuegos– llegaban al
hospital arrastrándose. En una ciudad de doscientos cuarenta y
cinco mil habitantes, cerca de cien mil habían muerto o recibido heridas mortales en un solo ataque; cien mil más estaban heridas. Al menos diez mil de los heridos se las arreglaron para llegar al mejor hospital de la ciudad, que no estaba a la altura de
semejante invasión, pues tenía sólo seiscientas camas, y todas estaban ocupadas. En la multitud sofocante del hospital los heridos
lloraban y gritaban, buscando ser escuchados por el doctor Sasaki: "*Sensei!* ¡Doctor!". Los más leves se acercaban a él y le tira-
ban de la manga para que fuera a atender a los más graves. Arras-
trado de aquí para allá sobre sus pies descalzos, apabullado por
la cantidad de gente, pasmado ante tanta carne viva, el doctor
Sasaki perdió por completo el sentido de la profesión y dejó de

EL FUEGO 37

comportarse como un cirujano habilidoso y un hombre comprensivo; se transformó en un autómata que mecánicamente limpiaba, untaba, vendaba, limpiaba, untaba, vendaba.

Algunos de los heridos de Hiroshima no pudieron disfrutar del dudoso lujo de la hospitalización. En lo que había sido la oficina de personal de la Fábrica Oriental de Estaño, la señorita Sasaki yacía inconsciente, aplastada por la tremenda pila de libros, madera, hierro retorcido y yeso. Permaneció completamente inconsciente (según calculó después) durante unas tres horas. Su primera sensación fue de un terrible dolor en la pierna izquierda. Estaba tan oscuro debajo de los libros y los escombros que la frontera entre conciencia e inconsciencia era muy tenue; debió de cruzarla varias veces, porque el dolor parecía ir y venir. En los momentos de dolor más agudo, sentía que le habían cortado la pierna por debajo de la rodilla. Después, escuchó que alguien caminaba sobre los destrozos, sobre ella, y voces de angustia comenzaron a gritar a su alrededor: "¡Auxilio, por favor! ¡Sáquennos de aquí!".

Con algunas vendas que el doctor Fujii le había dado unos días antes, el padre Kleinsorge contuvo como pudo la hemorragia de la herida del padre Schiffer. Cuando terminó, corrió a la misión y encontró la chaqueta de su uniforme militar y un viejo par de pantalones grises. Se los puso y salió. Una vecina se le acercó corriendo y le dijo que su marido estaba enterrado bajo su casa y su casa se incendiaba; el padre Kleinsorge tenía que venir a salvarlo.

El padre Kleinsorge, que ya comenzaba a sentirse apático y aturdido por las desgracias acumuladas, dijo: "No tenemos mucho

tiempo". A su alrededor las casas se quemaban, y el viento soplaba con fuerza. "¿Sabe exactamente en qué parte de la casa se
encuentra enterrado?", preguntó.

"Sí, sí", dijo ella. "Venga, dese prisa."

Rodearon la casa, cuyos restos llameaban con violencia, pero
cuando llegaron resultó que la mujer no tenía idea alguna de dónde estaba su marido. El padre Kleinsorge gritó varias veces: "¿Hay
alguien ahí?". No hubo respuesta. El padre Kleinsorge dijo a la
mujer: "Tenemos que irnos o moriremos todos". Regresó al complejo católico y le dijo al Padre Superior que el fuego se acercaba
llevado por un viento que había cambiado de dirección y ahora
soplaba del norte; era tiempo de que todos se fueran.

En ese instante, la profesora del jardín de infancia señaló al
señor Fukai, secretario de la diócesis, que estaba de pie junto a
su ventana del segundo piso, de cara al lugar de la explosión,
llorando. El padre Cieslik, pensando que las escaleras del edificio habían quedado inservibles, corrió a la parte trasera de la
misión para buscar una escalera de mano. Escuchó gritos de ayuda que venían desde debajo de un tejado desplomado. Pidió ayuda para levantarlo a los transeúntes que corrían por la calle,
pero nadie le hizo caso, y tuvo que dejar que los enterrados murie-
ran. El padre Kleinsorge entró corriendo a la misión, subió con
dificultad por las escaleras torcidas y cubiertas de yeso y madera, y llamó al señor Fukai desde la puerta de su habitación.

El señor Fukai, un hombre pequeño de unos cincuenta años, se
volvió lentamente y dijo, con una mirada extraña: "Déjeme aquí".

El padre Kleinsorge entró en la habitación, asió al señor Fukai
por el cuello de su abrigo y le dijo: "Venga conmigo o morirá".

"Déjeme morir aquí", dijo el señor Fukai.

El padre Kleinsorge comenzó a empujar y a arrastrar al señor
Fukai para sacarlo de la habitación. Entonces llegó el estudian-

te de teología, tomó al señor Fukai por los pies y el padre Kleinsorge lo tomó de los hombros, y juntos lo transportaron escaleras abajo. "¡No puedo caminar!", gritó el señor Fukai. "¡Déjenme
aquí!" El padre Kleinsorge tomó su maleta de dinero y llevó al
señor Fukai a cuestas, y el grupo se dirigió a la Plaza de Armas
del Oriente, la "zona segura" de su barrio. Al cruzar el portón
el señor Fukai, golpeaba como un niño pequeño la espalda del
padre Kleinsorge y decía: "No me iré. No me iré". El padre Kleinsorge se giró hacia el padre La Salle y, sin que viniera al caso,
le dijo: "Hemos perdido todo lo que teníamos, salvo el sentido
del humor".

La calle estaba atestada con restos de casas, con cables y postes de teléfono caídos. Cada dos o tres casas les llegaban las voces
de gente enterrada y abandonada que invariablemente gritaba,
con cortesía formal: "*Tasukete kure!* ¡Auxilio, si son tan amables!".
Los sacerdotes reconocieron varias ruinas: eran hogares de amigos pero, debido al fuego, era ya demasiado tarde para ayudar.
Durante todo el camino el señor Fukai se quejaba: "Dejen que me
quede". El grupo dobló a la derecha al llegar a un bloque de casas
caídas que formaba una gran llamarada. En el puente Sakai, que
les permitiría cruzar hacia la Plaza de Armas del Oriente, vieron
que la comunidad entera del otro lado del río era una cortina de
fuego; no se atrevieron a cruzar y decidieron refugiarse en el
parque Asano, a su izquierda. El padre Kleinsorge, que en los últimos días se había sentido debilitado por la diarrea, comenzó a
trastabillar bajo el peso de su quejumbrosa carga, y, mientras intentaba escalar los destrozos de varias casas que bloqueaban su camino al parque, tropezó, dejó caer al señor Fukai, y se fue de bru-
ces contra la orilla del río. Cuando logró levantarse, vio al señor
Fukai escapar corriendo. El padre Kleinsorge llamó a doce soldados que estaban junto al puente para que lo detuvieran. Cuan-

do se disponía a regresar para buscar al señor Fukai, lo llamó el
padre La Salle: "¡Apúrese! ¡No pierda tiempo!". Así que el padre
Kleinsorge se limitó a pedirle a los soldados que cuidaran del señor
Fukai. Dijeron que lo harían, pero el destrozado hombrecito logró
escapar, y la última vez que los sacerdotes lo vieron estaba corriendo hacia el fuego.

El señor Tanimoto, temiendo por su familia y su iglesia, corrió hacia
ellos por la ruta más corta: la autopista Koi. Era la única persona
que entraba a la ciudad; se cruzó con cientos y cientos que esca-
paban de ella, y cada uno parecía estar herido de alguna forma.
Algunos tenían las cejas quemadas y la piel les colgaba de la cara
y de las manos. Otros, debido al dolor, llevaban los brazos levan-
tados, como si cargaran algo en ambas manos. Algunos iban vomitando. Muchos iban desnudos o en harapos. Sobre algunos cuerpos desnudos, las quemaduras habían trazado dibujos que parecían
prendas de vestir, y, sobre la piel de algunas mujeres –puesto que
el blanco reflejaba el calor de la bomba y el negro lo absorbía y
lo conducía a la piel– se veían las formas de las flores de sus kimonos. A pesar de sus heridas, muchos ayudaban a los parientes
que peor estaban. Casi todos inclinaban la cabeza, mirando al frente y en silencio, sin expresión alguna en el rostro.

Tras cruzar el puente Koi y el puente Kannon, después de haber
corrido todo el camino, el señor Tanimoto vio al aproximarse
al centro que todas las casas habían sido aplastadas y muchas estaban en llamas. Los árboles no tenían hojas y sus troncos estaban carbonizados. El señor Tanimoto trató en diversos puntos de
penetrar las ruinas, pero las llamas se lo impidieron en todos
los casos. Bajo muchas casas la gente pedía auxilio a gritos, pero
nadie ayudaba; en general, los supervivientes asistían a sus fami-

liares o vecinos más próximos, porque no podían ni tolerar ni abarcar un círculo de miseria más amplio. Los heridos se alejaban cojeando de los gritos, y el señor Tanimoto pasó corriendo junto a ellos. Como cristiano, se sintió lleno de compasión por los que estaban atrapados, y como japonés se sintió abrumado por la vergüenza de estar ileso, y rezaba mientras corría: "Dios los ayude y los salve del fuego".

Pensó que bordearía el fuego por la izquierda. Corrió de vuelta al puente Kannon y durante un tramo siguió el recorrido de uno de los ríos. Intentó pasar por varias calles transversales, pero todas estaban bloqueadas; así que dobló a la izquierda y empezó a correr hacia Yokogawa, una estación sobre una línea ferroviaria que rodeaba la ciudad en un amplio semicírculo, y siguió los rieles hasta llegar a un tren incendiado. Para entonces estaba tan impresionado por el alcance de los daños que corrió más de tres kilómetros hacia el norte, hacia Gion, un suburbio al pie de las colinas. Durante todo el camino se cruzó con gente terriblemente quemada y lacerada, y eran tales sus remordimientos que se giraba a derecha y a izquierda para decirles: "Perdonen que no lleve una carga como la suya". Cerca de Gion empezó a encontrar gente de campo que se dirigía a la ciudad para prestar su ayuda y que al verlo exclamaron: "¡Miren! Uno que no está herido". En Gion, se abrió paso hacia la orilla derecha del río principal, el Ota, y siguió su curso hasta encontrar nuevos incendios. No había fuego en el otro lado del río, así que se quitó la camisa y los zapatos y se zambulló. A medio camino, donde era más fuerte la corriente, el cansancio y el miedo le dieron alcance —había corrido unos once kilómetros—, su cuerpo se volvió fláccido y se dejó llevar por el agua. "Por favor, Dios, ayúdame a cruzar", rezó. "Sería absurdo que me ahogara, yo que soy el único que no está herido." Dio unas brazadas más y logró llegar a un banco de arena río abajo.

El señor Tanimoto trepó al banco de arena y corrió por él hasta que encontró fuego de nuevo, junto a un templo Shinto; al darse la vuelta para flanquearlo se topó, en un golpe de suerte increíble, con su esposa. Ella llevaba a su niña en brazos. El señor Tanimoto estaba emocionalmente tan agotado que nada podía sorprenderlo. No abrazó a su esposa; simplemente le dijo: "Ah, estás a salvo". Ella le contó que había regresado de Ushida justo a tiempo para la explosión; había quedado enterrada bajo la parroquia con el bebé en sus brazos. Contó cómo los destrozos la habían aplastado, cómo había llorado la niña. Había visto una grieta de luz y con una mano la alcanzó y la fue agrandando poco a poco. Después de una media hora, le llegó el chisporroteo de la madera quemándose. Al fin logró ampliar la apertura lo suficiente para sacar al bebé, y enseguida salió también ella, arrastrándose. Dijo que ahora se dirigía de nuevo a Ushida. El señor Tanimoto dijo que quería ver su iglesia y ayudar a la gente de la Asociación de Vecinos. Se despidieron con la misma naturalidad con la que se habían saludado.

La ruta que siguió el señor Tanimoto alrededor del fuego lo llevó a la Plaza de Armas del Oriente, la cual, al ser una zona de evacuación, era ahora escenario de un espectáculo atroz: fila tras fila de quemados y ensangrentados. Los quemados gemían: "*Mizu, mizu!* ¡Agua, agua!". El señor Tanimoto encontró un tazón en una calle vecina y localizó una llave de agua que todavía funcionaba en la estructura aplastada de una casa, y comenzó a llevar agua a los desconocidos. Cuando hubo dado de beber a unos treinta de ellos, se percató de que aquello le tomaba demasiado tiempo. "Discúlpenme", dijo en voz alta a los que ya alargaban la mano hacia él gritando de sed. "Tengo mucha gente que cuidar." Entonces fue de nuevo al río, con el tazón en la mano, y saltó a un banco de arena. Allí vio a cientos de personas tan gravemente heridas que no podían ponerse de pie para alejarse de la ciudad en llamas. Cuando veían a un hombre ileso y erguido, el canto comenzaba de nuevo: "*Mizu, mizu, mizu*". El señor Tanimoto no podía soportarlo; les llevó agua del río, lo cual fue un error, pues eran aguas turbias y salobres. Dos o tres botes pequeños transportaban a los heridos por el río desde el parque Asano, y, cuando uno de ellos llegó al banco de arena, el señor Tanimoto pronunció de nuevo sus excusas y se subió al bote. En el parque, entre la maleza, encontró a varios de sus compañeros de la Asociación de Vecinos, que habían llegado allí siguiendo sus instrucciones, y vio a muchos conocidos, entre ellos el padre Kleinsorge y los demás católicos. Pero echó en falta a Fukai, que había sido un buen amigo suyo. "¿Dónde está Fukai-san?"

"No ha querido venir con nosotros", dijo el padre Kleinsorge. "Se ha regresado."

Cuando la señorita Sasaki escuchó las voces de los que estaban atrapados con ella en las ruinas de la fábrica de estaño, empezó a hablarles. Descubrió que su vecino más próximo era una joven estudiante de bachillerato que había sido preparada para trabajos de fábrica, y que decía tener la espalda rota. La señorita Sasaki repuso: "Yo no me puedo mover. Me han amputado la pierna izquierda".

Poco tiempo después volvió a oír que alguien caminaba sobre los escombros, enseguida se movía hacia un lado y –quien quiera que fuese– empezaba a escarbar. El excavador liberó a varias personas, y cuando hubo descubierto a la estudiante, ella descubrió que su espalda no estaba rota, y que podía arrastrarse hacia fuera. La señorita Sasaki le habló al socorrista, y él empezó a abrirse paso hacia ella. Quitó una buena cantidad de libros hasta que logró abrir un túnel. Ella vio entonces la cara sudorosa que le dijo: "Salga, señorita". Lo intentó. "No puedo moverme", dijo. El hombre excavó un poco más y le dijo que intentara salir con todas sus fuerzas. Pero los libros sobre sus caderas eran muy pesados, y el hombre acabó por ver que una estantería se inclinaba sobre los libros y una viga pesada hacía presión sobre la estantería. "Espere", dijo entonces. "Voy a buscar una palanca."

El hombre estuvo ausente un buen tiempo, y estaba de mal humor cuando regresó, como si la situación de la señorita Sasaki fuera culpa de ella. "¡No tenemos personal para ayudarla!", le gritó a través del túnel. "Tendrá que arreglárselas usted misma para salir."

"Es imposible", dijo ella. "Mi pierna izquierda…" Pero el hombre ya se había ido.

Mucho después, varios hombres llegaron y la arrastraron fuera. Su pierna izquierda no había sido amputada, pero tenía cortes graves y colgaba, torcida, de la rodilla hacia abajo. La llevaron a un patio. Llovía. Ella se sentó sobre la tierra, bajo la lluvia. Cuando empezó a llover más fuerte, alguien dio instrucciones a los heridos para que se protegieran en los refugios antiaéreos de la fábrica. "Venga", le dijo una mujer desgarrada. "Puede caminar con un solo pie." Pero la señorita Sasaki no podía moverse, y se limitó a esperar en medio de la lluvia. Entonces un hombre apoyó una gran plancha de hierro retorcido sobre la pared para utilizarla a modo de refugio, y tomó a la señorita Sasaki en brazos y la llevó hasta allí. Ella le estuvo agradecida hasta que el hombre trajo también a dos personas horriblemente heridas —una mujer a la cual le había sido arrancado un seno y un hombre cuya cara estaba en carne viva por una quemadura— para que compartieran la cabaña con ella. Nadie regresó. Cesó la lluvia, la tarde nublada era caliente; antes del anochecer, los tres grotescos personajes bajo el trozo de hierro inclinado empezaron a oler bastante mal.

El antiguo jefe de la Asociación de Vecinos de Nobori-cho a la
cual pertenecían los sacerdotes católicos era un hombre enérgi-
co llamado Yoshida. Cuando estaba a cargo de las defensas antiaéreas del barrio, se había jactado de que el fuego podría consu-
mir toda Hiroshima pero no llegaría nunca a Nobori-cho. La
bomba echó su casa abajo, y una viga sobre sus piernas lo dejó
paralizado con un panorama perfecto de la casa de la misión jesuita y de la gente que corría por la calle. En medio de la confusión, la señora Nakamura, sus niños y el padre Kleinsorge con
el señor Fukai a cuestas, estuvieron a punto de no verlo al pasar;
Yoshida era apenas una parte del borroso escenario de miseria a
través del cual se movían. Sus gritos de auxilio no obtuvieron respuesta; había tanta gente pidiendo auxilio a gritos, que los suyos
no se distinguían. Igual que ellos, los demás siguieron su camino. Nobori-cho quedó absolutamente desierto, barrido por el fuego. El señor Yoshida vio la misión de madera —el único edificio
en pie de la zona— arder en una llamarada, y sintió un calor
terrible en la cara. Entonces las llamas llegaron a la acera en la
que se encontraba y entraron a su casa. En un paroxismo de fuerza producto del miedo se liberó y corrió por los callejones de
Nobori-cho, cercado por el fuego que, según había dicho, no llegaría nunca. Comenzó de inmediato a comportarse como un anciano. Dos meses después, su pelo estaba completamente blanco.

Mientras el doctor Fujii permanecía en el río con el agua al cuello para evitar el calor del fuego, el viento empezó a soplar con
más y más fuerza, y muy pronto, aunque la extensión de agua
no era demasiado amplia, las olas crecieron tanto que a la gente bajo el puente le fue difícil conservar el equilibrio. El doctor
Fujii se acercó a la orilla, se agachó y abrazó una piedra grande

con su brazo útil. Después fue posible caminar por el borde del
río, y el doctor Fujii, con sus dos enfermeras sobrevivientes, se
desplazó poco menos de doscientos metros río arriba, hasta un
banco de arena cerca del parque Asano. Muchos heridos yacían
sobre la arena. El doctor Machii y su familia estaban allí; su
hija, que estaba fuera de casa cuando estalló la bomba, tenía
graves quemaduras en las manos y piernas, pero no en la cara,
por fortuna. Aunque el hombro le dolía cada vez más, el doctor
Fujii examinó con curiosidad las heridas de la joven. Después
se recostó. A pesar de la miseria que lo rodeaba, lo avergonza-
ba su aspecto, y le comentó al doctor Machii que vestido así,
con su ropa interior rasgada y ensangrentada, parecía un men-
digo. Más tarde, cuando el fuego empezó a ceder, decidió ir a
casa de sus padres, en el suburbio de Nagatsuka. Le pidió al
doctor Machii que lo acompañara, pero éste respondió que su
familia y él pasarían la noche en el banco de arena, debido a
las heridas de su hija. El doctor Fujii llegó caminando a Ushida
junto con sus enfermeras, y encontró materiales de primeros auxilios en la casa, parcialmente dañada, de unos familiares. Las enfermeras lo vendaron; él las vendó a ellas. Continuaron su camino. Ahora no había demasiada gente caminando por las calles,
pero muchos aparecían sentados o acostados sobre el pavimen-
to, vomitando, esperando la muerte, muriendo. El número de
cadáveres en el camino a Nagatsuka era mayor y más inquietante.
El doctor se preguntaba: ¿es posible que un cóctel Molotov cau-
se todo esto?

El doctor Fujii llegó a la casa de su familia al atardecer. La
casa estaba a ocho kilómetros del centro de la ciudad, pero el tejado se había desplomado y todos los cristales estaban rotos.

La gente siguió llegando en tropel al parque Asano durante todo el día. Esta propiedad privada estaba a una buena distancia de la explosión por lo que sus bambúes, pinos, laureles y arces se habían mantenido con vida, y un lugar verde como ése era una invitación para los refugiados: en parte porque creían que si regresaban los norteamericanos bombardearían sólo edificios; en parte porque el follaje parecía una isla de frescura y vida, y los jardines de piedra, de una precisión exquisita, con sus estanques apacibles y sus puentes arqueados, eran muy japoneses, normales, seguros; y en parte debido a una urgencia irresistible y atávica de estar debajo de hojas. La señora Nakamura y sus hijos estuvieron entre los primeros en llegar, y se instalaron en el bosquecillo de bambú cerca del río. Todos estaban sedientos, y bebieron agua del río. De inmediato sintieron náuseas y comenzaron a vomitar, y todo el día sufrieron arcadas. Otros tuvieron náuseas también; pensaron (probablemente debido al fuerte olor de la ionización, un "olor eléctrico" producido por la fisión de la bomba) que era un gas lanzado por los norteamericanos lo que los hacía sentirse enfermos. Cuando el padre Kleinsorge y los otros sacerdotes llegaron al parque, saludando a sus amigos al pasar, los Nakamura estaban enfermos y abatidos. Una mujer llamada Iwasaki, que vivía en la vecindad de la misión y estaba sentada cerca de los Nakamura, se levantó y preguntó a los sacerdotes si debía quedarse donde estaba o ir con ellos. El padre Kleinsorge dijo: "No sé cuál será el lugar más seguro". Ella se quedó donde estaba; más tarde, aunque no tenía ni heridas ni quemaduras visibles, murió. Los sacerdotes avanzaron junto al río y se acomodaron entre unos arbustos. El padre La Salle se recostó e inmediatamente se quedó dormido. El estudiante de teología, que llevaba las sandalias puestas, había traído consigo un atado de ropas en el cual había empacado dos pares de zapatos de cue-

ro. Cuando se sentó con los demás, se percató de que el atado
se había roto y dos zapatos se habían perdido: ahora sólo le
quedaban los dos izquierdos. Volvió sobre sus pasos y encontró
uno derecho. Cuando regresó junto a los sacerdotes, dijo: "Es gra-
cioso ver que las cosas ya no importan. Hasta ayer, estos zapatos fueron mis pertenencias más apreciadas. Hoy, ya no me importan. Un par es suficiente".

El padre Cieslik dijo: "Lo sé. Yo empecé a empacar mis libros,
y después me dije: 'Éste no es momento para libros'".

Cuando llegó el señor Tanimoto, todavía con su tazón en la
mano, el parque estaba repleto de gente y no era fácil distinguir
a los vivos de los muertos, pues la mayoría tenían los ojos abier-
tos y estaban inmóviles. Para un occidental como el padre Kleinsorge, el silencio en el bosquecillo junto al río, donde cientos
de personas gravemente heridas sufrían juntas, fue uno de los
fenómenos más atroces e imponentes que jamás había vivido. Los
heridos guardaban silencio; nadie lloraba, mucho menos gritaba de dolor; nadie se quejaba; de los muchos que murieron,
ninguno murió ruidosamente; ni siquiera los niños lloraban; pocos
hablaban siquiera. Y cuando el padre Kleinsorge dio a beber agua
a algunos cuyas caras estaban cubiertas casi por completo por las
quemaduras, bebían su ración y enseguida se levantaban un poco
e inclinaban la cabeza en señal de gratitud.

El señor Tanimoto dio la bienvenida a los sacerdotes y miró alrededor, buscando a otros amigos. Vio a la señora Matsumoto, esposa del director de la Escuela Metodista, y le preguntó si tenía
sed. Ella dijo que sí, y él le trajo agua en su tazón desde una de
las piscinas de los jardines de piedra. Entonces decidió que inten-
taría regresar a su iglesia. Entró en Nobori-cho por el camino
que los sacerdotes habían tomado al escapar, pero no llegó lejos;
el fuego en las calles era tan feroz que se vio obligado a regresar.

Fue a la orilla del río y empezó a buscar un bote en el cual pudiera llevar a los heridos más graves al otro lado, lejos del fuego que seguía propagándose. Pronto encontró una batea de buen tamaño arrimada a la arena, pero su interior y sus alrededores formaban una escena horrible: cinco hombres casi desnudos y gravemente quemados que debían de haber muerto más o menos al mismo tiempo, porque la posición de sus cuerpos sugería que entre todos habían intentado empujar el bote hacia el río. El señor Tanimoto los alzó y los sacó del bote, y experimentó tal horror por el hecho de molestar a los muertos —impidiéndoles echar su nave al agua y emprender su fantasmal camino— que dijo en voz alta: "Por favor, perdonen que me lleve este bote. Lo necesito para ayudar a otros que están vivos". Era una batea pesada, pero el señor Tanimoto se las arregló para deslizarla dentro del agua. No tenía remos, y lo único que pudo encontrar para impulsarse fue un poste seco de bambú. Llevó el bote río arriba hasta la zona más poblada del parque y empezó a transportar a los heridos. Podía llenar el bote con diez o doce para cada trayecto, pero en el centro el río era demasiado profundo, y el señor Tanimoto se veía obligado a remar con el bambú, por lo cual en cada viaje tardaba mucho tiempo. Así trabajó durante varias horas.

En las primeras horas de la tarde, el fuego irrumpió en los bosques del parque Asano. El señor Tanimoto se percató de ello cuando vio desde su bote que mucha gente se había acercado a la orilla. Apenas hubo alcanzado la arena, subió para investigar, y al ver el fuego gritó: "¡Que vengan conmigo todos los hombres que no estén malheridos!". El padre Kleinsorge acercó al padre Schiffer y al padre La Salle a la orilla y le pidió a los demás que los llevaran al otro lado del río si el fuego se acercaba demasiado, y enseguida se unió a los voluntarios de Tanimoto. El señor Tanimoto mandó a algunos en busca de baldes y cuencos y a otros les dijo que golpearan con sus ropas los arbustos incendiados; cuando hubo utensilios a mano, Tanimoto les hizo formar una cadena de baldes desde uno de los estanques del jardín de piedra. El equipo luchó contra el fuego durante más de dos horas, y poco a poco apagaron las llamas. Mientras los hombres del señor Tanimoto trabajaban, en el parque la gente atemorizada se acercaba más y más al río, y finalmente la muchedumbre comenzó a empujar al agua a los desafortunados que estaban en la orilla. Entre los que fueron empujados al agua y se ahogaron estaban la señora Matsumoto, de la Escuela Metodista, y su hija.

Cuando el padre Kleinsorge regresó de apagar el fuego, encontró al padre Schiffer todavía sangrando y terriblemente pálido. Algunos japoneses lo rodeaban, mirándolo fijamente, y el padre Schiffer susurró con una débil sonrisa: "Es como si ya me hubiera muerto". "Todavía no", dijo el padre Kleinsorge. Había traído consigo el botiquín de primeros auxilios del doctor Fujii, y había notado que entre la multitud se encontraba el doctor Kanda, así que lo buscó y le pidió que vendara las heridas del padre Schiffer. El doctor Kanda había visto a su mujer y a su hija muertas en las ruinas del hospital; ahora estaba sentado con la cabeza entre las piernas. "No puedo hacer nada", dijo. El padre Kleinsorge envolvió con más vendas la cabeza del padre Schiffer, lo llevó a un lugar empinado y lo acomodó de manera que su cabeza quedara levantada, y pronto disminuyó el sangrado.

Entonces se oyó el rugido de aviones acercándose. Alguien en la multitud que estaba cerca de la familia Nakamura gritó: "¡Son Grummans que vienen a bombardearnos!". Un panadero llamado Nakashima se puso de pie y ordenó: "Todos los que estén vestidos de blanco, quítense la ropa". La señora Nakamura les quitó las camisas a sus niños, abrió su paraguas y los obligó a meterse debajo. Muchas personas, incluso las que tenían quemaduras graves, se arrastraron bajo los arbustos y allí se quedaron hasta que el murmullo, evidentemente producido por una ronda de reconocimiento o de aviones meteorológicos, acabó por extinguirse.

Comenzó a llover. La señora Nakamura mantuvo a sus niños bajo el paraguas. Las gotas se volvieron demasiado grandes para ser normales, y alguien gritó: "Los norteamericanos están arrojando gasolina. ¡Nos van a quemar!". (Esta alarma nació de una de las teorías que circulaban en el parque acerca de las razones por las cuales Hiroshima había ardido de esa manera: un solo avión había rociado gasolina sobre la ciudad y luego, de alguna forma, le había prendido fuego en un instante.) Pero las gotas eran de agua, evidentemente, y mientras caían el viento sopló con más y más fuerza, y de repente —quizá debido a la tremenda convección generada por la ciudad en llamas— un remolino atravesó el parque. Árboles inmensos fueron derribados; otros, más pequeños, fueron arrancados de raíz y volaron por los aires. En las alturas, un despliegue caótico de cosas planas se revolvía dentro del embudo serpenteante: pedazos de un tejado de hierro, papeles, puertas, trozos de esteras. El padre Kleinsorge cubrió con una tela los ojos del padre Schiffer, para que el pobre hombre no creyera que estaba enloqueciendo. El vendaval arrastró por el terraplén a la señora Murata —el ama de llaves de la misión, que estaba sentada cerca del río—, la llevó contra un lugar pando y rocoso, y salió del agua con los pies descalzos cubiertos de sangre. El vórtice se trasladó al río, donde absorbió una tromba y finalmente se extinguió.

Después de la tormenta, el señor Tanimoto comenzó de nuevo a transportar gente, y el padre Kleinsorge le pidió al estudiante de teología que cruzara el río, fuera hasta el noviciado jesuita en Nagatsuka, a unos cinco kilómetros del centro de la ciudad, y pidiera a los sacerdotes del lugar que trajeran ayuda para el padre Schiffer y el padre La Salle. El estudiante subió al bote del señor Tanimoto y partió con él. El padre Kleinsorge preguntó a la señora Nakamura si le gustaría ir a Nagatsuka con los curas cuando ellos vinieran. Ella dijo que tenía demasiado equipaje y que sus niños estaban enfermos —aún vomitaban de vez en cuando, y, para ser exactos, también ella–, y temía por lo tanto que no sería capaz. Él dijo que quizá los padres del noviciado podrían venir a buscarla al día siguiente con un carrito.

Al final de la tarde, cuando pudo quedarse durante un rato en la orilla, el señor Tanimoto —de cuya energía muchos habían llegado a depender– oyó que había gente pidiendo con súplicas algo de comer. Consultó con el padre Kleinsorge, y decidieron regresar a la ciudad para traer arroz del refugio de la misión y también de la Asociación de Vecinos. El padre Cieslik y otros dos o tres los acompañaron. Al principio, cuando se vieron entre las filas de casas derribadas, no supieron bien dónde se encontraban; el cambio había sido demasiado repentino: de una ciudad activa de doscientos cincuenta mil habitantes en la mañana, a un montón de residuos en la tarde. El asfalto de las calles estaba aún tan caliente y tan blando debido a los incendios, que caminar sobre él resultaba incómodo. Sólo se toparon con una persona, una mujer que les dijo al pasar: "Mi marido está en esas cenizas". Al llegar a la misión —aquí, el señor Tanimoto se separó del grupo–, el padre Kleinsorge sintió consternación al ver el edificio arrasado. En el jardín, de camino al refugio, se fijó en una calabaza asada sobre la enredadera. El padre Cieslik y él mismo la probaron, y sabía bien. Su propia hambre los sorprendió, y se comieron un buen pedazo. Sacaron varias bolsas de arroz y recogieron varias calabazas asadas y excavaron algunas patatas que se habían cocinado bajo tierra. En el camino de regreso los alcanzó el señor Tanimoto. Una de las personas que lo acompañaban llevaba utensilios de cocina. En el parque, el señor Tanimoto organizó a las mujeres con heridas más leves para que se hicieran cargo de la cocina. El padre Kleinsorge le ofreció un poco de calabaza a la familia Nakamura, y ellos la probaron, pero no pudieron evitar vomitarla. El arroz resultó suficiente para alimentar a cien personas.

Antes de que anocheciera el señor Tanimoto se topó con una joven de veinte años, la señora Kamai, vecina de los Tanimoto. Estaba de cuclillas sobre la tierra con el cuerpo de su niña pequeña en los brazos. Era evidente que el bebé llevaba muerto todo el día. La señora Kamai se levantó de un brinco al ver al señor Tanimoto y le dijo: "¿Podría usted tratar de encontrar a mi marido, por favor?".

El señor Tanimoto sabía que el marido había sido reclutado por el Ejército el día anterior; en la tarde, los Tanimoto habían recibido a la señora Kamai, y habían intentado hacerle olvidar lo sucedido. Kamai se había presentado en los Cuarteles Regionales del Ejército en Chugoku —cerca del antiguo castillo en medio de la ciudad— donde unos cuatro mil soldados habían sido apostados. A juzgar por los muchos soldados mutilados que el señor Tanimoto había visto durante el día, supuso que los cuarteles habían sufrido daños graves a causa de lo que fuera que había golpeado a Hiroshima. Supo que no tenía la más mínima posibilidad de encontrar al marido de la señora Kamai, incluso si emprendía su búsqueda. Pero quiso levantarle el ánimo. "Lo intentaré", dijo.

"Tiene que encontrarlo", dijo ella. "Él quería mucho a nuestra niña. Quiero que la vea por última vez."

III

LOS DETALLES ESTÁN SIENDO INVESTIGADOS

*L*a mañana en que explotó la bomba, muy temprano, una lancha militar japonesa recorría lentamente y de arriba abajo los siete ríos de Hiroshima. Se detuvo aquí y allá para anunciar algo: a lo largo de los atestados bancos de arena, donde yacían cientos de heridos; en los puentes, donde otros más se agolpaban; y por último, al caer la tarde, frente al parque Asano. Un joven oficial de pie en la lancha gritó a través de un megáfono: "¡Paciencia! ¡Un barco hospital vendrá a hacerse cargo de ustedes!". La visión de la lancha limpia y ordenada en medio del caos; la serenidad del joven en su pulcro uniforme; y sobre todo la promesa de ayuda médica —la primera palabra de auxilio que habían oído en casi doce horas—, todo ello levantó tremendamente los ánimos de la gente del parque. La señora Nakamura acomodó a su familia para pasar la noche con la seguridad de que un doctor vendría y podría atajar sus arcadas. El señor Tanimoto reanudó los transportes de heridos a través del río. El padre Kleinsorge se recostó y rezó un padre nuestro y un ave maría en voz baja, y se durmió de inmediato; pero en ese mismo instante la señora Murata, la diligente ama de llaves, lo sacudió y le dijo: "¡Padre Kleinsorge! ¿Se ha acordado de decir sus oraciones?". Él respondió malhumoradamente: "Por supuesto", y trató de volver a conciliar el sueño, sin lograrlo. Era como si eso fuera exactamente lo que quería la señora Murata, porque comenzó a conversar con el exhausto sacerdote.

Una de las preguntas que hizo fue cuándo llegarían los padres del noviciado –a quienes el padre Kleinsorge había mandado llamar a media tarde, por medio de un mensajero– para evacuar al padre La Salle y al padre Schiffer.

El mensajero del padre Kleinsorge –el estudiante de teología que había estado viviendo en la misión– había llegado al noviciado, situado en una colina a casi cinco kilómetros de distancia, a las cuatro y media. Los dieciséis sacerdotes del lugar habían estado haciendo trabajos de rescate en las afueras; se habían preocupado por sus colegas de la ciudad, pero no habían sabido cómo ni dónde empezar a buscarlos. Ahora se dieron prisa en armar dos camillas con postes y tablas, y el estudiante condujo a seis de ellos a la zona devastada. Se abrieron paso a lo largo del Ota y a través de la ciudad; dos veces, el calor del fuego los obligó a zambullirse en el río. En el puente Misasa encontraron una fila de soldados que abandonaba los Cuarteles Regionales del Ejército en Chugoku marchando de una manera forzada y estrafalaria. Todos tenían quemaduras graves, y se apoyaban sobre travesaños de sillas o se recostaban sobre el vecino. Sobre el puente había caballos cabizbajos, enfermos y quemados. Cuando el grupo de rescate llegó al parque ya era de noche, y la tarea se dificultó debido a las marañas de árboles que habían sido derribados por el torbellino de esa tarde. Al fin pudieron llegar a donde estaban sus amigos –no mucho después de que la señora Murata hubiera formulado su pregunta– y les dieron vino y té fuerte.

Los sacerdotes discutieron la forma de llevar al padre Schiffer y al padre La Salle al noviciado. Tenían miedo de que sufrieran con el traqueteo de las camillas si atravesaban el parque; tenían miedo de que los heridos perdieran demasiada sangre. El padre Kleinsorge pensó en el bote del señor Tanimoto, y lo llamó. Cuando el señor Tanimoto llegó a la orilla, dijo que con gusto llevaría a los heridos y a sus portadores a un lugar río arriba desde donde podrían encontrar un camino más despejado. Los socorristas pusieron al padre Schiffer sobre una de las camillas y lo bajaron hasta el bote, y dos de ellos subieron a bordo para ir con él. El señor Tanimoto, que aún carecía de remos, empujó la batea río arriba. Regresó una media hora después, y nerviosamente pidió a los demás sacerdotes que lo ayudaran a rescatar a dos niños que había visto hundidos hasta los hombros en el río. Un grupo acudió en su ayuda; eran dos niñas que habían perdido a sus padres y ambas tenían quemaduras graves. Los curas las acostaron sobre el suelo, junto al padre Kleinsorge, y enseguida embarcaron al padre La Salle. El padre Cieslik se creía capaz de llegar caminando al noviciado, así que subió a bordo con los demás. El padre Kleinsorge se sentía demasiado débil; decidió esperar en el parque hasta el otro día. Pidió a los hombres que trajeran una carretilla cuando regresaran, para poder llevar a la señora Nakamura y a sus niños enfermos al noviciado.

El señor Tanimoto partió de nuevo. Conforme avanzaba el cargamento de sacerdotes, se escuchaban débiles gritos de auxilio. Sobresalía especialmente la voz de una mujer: "'¡Hay gente aquí a punto de ahogarse! ¡Ayúdennos! ¡El nivel del agua está subiendo!'". Los sonidos llegaban de uno de los bancos de arena, y los de la batea podían ver, iluminados por los fuegos todavía encendidos, a varios heridos acostados en la orilla del río y parcialmente cubiertos por la marea. El señor Tanimoto quería prestarles ayuda, pero los sacerdotes tenían miedo de que el padre Schiffer fuera a morir si no se daban prisa, y le pidieron al barquero que avanzara. Éste los dejó donde había dejado al padre Schiffer, y después emprendió solo el camino de regreso.

Era una noche caliente, y parecía aún más caliente por los fuegos recortados sobre el cielo, pero la más joven de las dos niñas que el señor Tanimoto y los curas habían rescatado se quejó de frío. El padre Kleinsorge la cubrió con su chaqueta. Ella y su hermana mayor habían estado sumergidas en el agua salada durante un par de horas antes de ser rescatadas. La pequeña tenía grandes quemaduras en carne viva; el agua salada debió de causarle un dolor espantoso. Comenzó a temblar y a repetir que tenía frío. El padre Kleinsorge tomó prestada la manta de un vecino y la envolvió con ella, pero la niña se sacudía más y más, diciendo "Tengo tanto frío", y de repente dejó de temblar y murió.

Sobre el banco de arena, el señor Tanimoto encontró unos veinte hombres y mujeres. Acercó el bote a la arena y les pidió que subieran a bordo de inmediato. Pero no se movieron, y él se dio cuenta de que estaban demasiado débiles para levantarse. Se agachó y tomó a una mujer de la mano, pero su piel se desprendió en pedazos grandes, como un guante. Esto lo afectó tanto que tuvo que sentarse un momento. Después regresó al agua; a pesar de ser un hombre pequeño, él solo levantó a varios hombres y mujeres que estaban desnudos y los llevó a su bote. Sus espaldas y sus pechos eran pegajosos, y el señor Tanimoto recordó con desazón las quemaduras que había visto a lo largo del día: amarillas primero, luego rojas e hinchadas y la piel desprendida, y al final de la tarde supurando, hediondas. Ahora que había subido la marea, su caña de bambú se quedaba corta y tenía que avanzar remando todo el tiempo. Sobre la otra orilla, en un arenal más alto, levantó los cuerpos viscosos y aún vivos y los subió por la pendiente para alejarlos del agua. Tenía que hacer un esfuerzo consciente por repetirse: "Son seres humanos".

Fueron necesarios tres viajes para llevarlos a todos al otro lado del río. Cuando hubo terminado, decidió que debía descansar un poco, y regresó al parque.

Caminando en la oscuridad, el señor Tanimoto se tropezó con alguien, y alguien más dijo con enojo: "¡Cuidado! Ahí está mi mano". Avergonzado de haber hecho daño a una persona herida, apenado por ser capaz de caminar erguido, el señor Tanimoto pensó de repente en el barco hospital que no llegaba aún (nunca llegaría), y sintió por un instante una ira ciega contra la tripulación del barco y luego contra todos los doctores. ¿Por qué no venían a ayudar a esta gente?

El doctor Fujii pasó la noche acostado, en medio de un terrible dolor, sobre el suelo de la casa sin techo de su familia. Con la luz de una linterna había logrado examinarse, y se había encontrado que tenía la clavícula izquierda rota; abrasiones y laceraciones múltiples en la cara y el cuerpo, e incluso cortes profundos en el mentón, la espalda y las piernas; extensas contusiones en pecho y torso; un par de costillas posiblemente fracturadas. Si no estuviera tan malherido, habría podido ir al parque Asano para atender a los heridos.

Para cuando se hizo de noche, diez mil víctimas de la explosión habían invadido el hospital de la Cruz Roja, y el doctor Sasaki, agotado, deambulaba sin rumbo fijo por los corredores malolientes llevando fajos de vendas y botellas de mercurocromo, y, todavía con los lentes que le había quitado a la enfermera herida, vendando las peores heridas a medida que las encontraba. Otros doctores ponían compresas de solución salina sobre las quemaduras más graves. Era todo lo que podían hacer. Cuando se hizo de noche empezaron a trabajar con la luz de los fuegos de la ciudad y de velas que las enfermeras sostenían. El doctor Sasaki no se había asomado fuera del hospital en todo el día; la escena al interior era tan horrible y tan imperiosa que no se le había ocurrido hacer preguntas acerca de lo sucedido más allá de esas paredes. Habían caído techos y tabiques; por todas partes había yeso, polvo, sangre y vómito. Cientos y cientos de pacientes morían, pero no había nadie que llevara los cadáveres afuera. Parte del personal del hospital repartía galletas y bolas de arroz, pero el olor a osario era tan fuerte que muy pocos conservaban el apetito. Para las tres de la mañana siguiente, después de diecinueve horas seguidas de horripilante trabajo, el doctor Sasaki se sentía incapaz de tratar una herida más. Junto a otros sobrevivientes del personal del hospital, el doctor Sasaki tomó unas esteras de paja y salió a la calle −en el patio y en la entrada había miles de pacientes y cientos de muertos−, rodeó el hospital y se escondió para dormir un poco. Pero en menos de una hora lo habían encontrado; un círculo de quejas lo rodeó: "¡Ayúdenos, doctor! ¿Cómo puede echarse a dormir?". El doctor Sasaki se puso de pie y regresó al trabajo. Poco antes había pensado por primera vez en su madre, que vivía en la casa de campo de la familia en Mukaihara, a cuarenta y ocho kilómetros de la ciudad. Él acostumbraba ir a casa cada noche. Temió que su madre lo creyera muerto.

Cerca del lugar al cual Tanimoto llevó a los sacerdotes había una gran caja de pasteles de arroz, que evidentemente había sido traída por un grupo de rescate pero que no se había distribuido entre los heridos. Antes de evacuar a los sacerdotes, los demás se repartieron los pasteles entre ellos. Pocos minutos después se acercó un grupo de soldados, y uno de ellos, al escuchar a los sacerdotes hablar un idioma extranjero, desenvainó su espada histéricamente y preguntó quiénes eran. Uno de los sacerdotes lo calmó y explicó que eran alemanes: es decir, aliados. El oficial se disculpó y dijo que tenían noticias de que paracaidistas norteamericanos habían aterrizado.

Los sacerdotes decidieron que llevarían al padre Schiffer en primer lugar. Se preparaban para partir cuando el padre La Salle dijo que sentía un frío terrible. Uno de los jesuitas le dio su abrigo, otro le dio su camisa; en el bochorno de la noche, les alivió llevar menos ropa encima. Los portadores de la camilla partieron. El estudiante de teología caminaba a la cabeza del grupo, e intentaba prevenirlos si había obstáculos, pero uno de los padres se enredó el pie con un cable de teléfono, se tropezó y soltó su esquina de la camilla. El padre Schiffer cayó al piso, quedó inconsciente, luego despertó y vomitó. Los portadores lo levantaron y lo llevaron hacia las afueras, donde se habían citado con un relevo de sacerdotes; lo dejaron con ellos y regresaron en busca del Padre Superior.

La camilla de madera debió de haber resultado terriblemente dolorosa para el padre La Salle, en cuya espalda se habían incrustado pequeñas partículas de vidrio. Cerca de los límites de la ciudad, el grupo tuvo que pasar junto a un automóvil calcinado que estorbaba en la calle angosta, y los portadores de un lado, que en la oscuridad no podían ver por dónde caminaban, cayeron en un agujero profundo. El padre La Salle salió despedido y la camilla se partió en dos. Uno de los curas se adelantó para pedir una carretilla en el noviciado, pero logró encontrar otra, cerca de una casa abandonada, y regresó rodándola. Los curas levantaron al padre La Salle, lo pusieron sobre la carretilla y lo llevaron empujado el resto del trayecto por un camino lleno de baches. El rector del noviciado, que había sido médico antes de tomar los hábitos, limpió las heridas de los dos sacerdotes y los acostó entre sábanas limpias, y ellos agradecieron a Dios el cuidado recibido.

Hubo miles de personas que no contaron con la ayuda de nadie. La señorita Sasaki fue una de ellas. Abandonada y sin recursos bajo el crudo cobertizo del patio de la fábrica, junto a la mujer que había perdido un seno y al hombre cuya cara quemada apenas parecía una cara, pasó la noche sufriendo de dolor por su pierna rota. No durmió ni un instante; tampoco conversó con sus insomnes compañeros.

En el parque, la señora Murata mantuvo al padre Kleinsorge despierto toda la noche, hablándole. Tampoco la familia Nakamura pudo dormir; los niños, a pesar de que se sentían muy enfermos, se interesaban en todo lo que estaba ocurriendo. Les encantó que uno de los tanques de gas saltara en llamas con un tremendo estallido. Toshio, el niño, llamó a gritos a los demás para que se fijaran en el reflejo sobre el río. El señor Tanimoto, después de su larga carrera y sus muchas horas de trabajos de rescate, dormitaba nerviosamente. Al despertar se dio cuenta, con las primeras luces del alba, de que la noche anterior no había llevado los cuerpos flojos y purulentos tan arriba como era necesario. La marea había subido hasta el lugar donde los había puesto; los heridos no habían tenido fuerzas para moverse; seguramente se habían ahogado. Podía ver varios cuerpos flotando en el río.

En la mañana del 7 de agosto, la radio japonesa emitió por primera vez un breve anuncio que llegaron a escuchar muy pocas de las personas interesadas en su contenido: los supervivientes de Hiroshima. "Hiroshima sufrió daños considerables como resultado de un ataque realizado por varios B-29. Se cree que un nuevo tipo de bomba fue utilizado. Los detalles están siendo investigados." Tampoco es probable que ninguno de los supervivientes se encontrara en sintonía cuando la onda corta transmitió un anuncio extraordinario del presidente de los Estados Unidos, que identificaba la nueva bomba como atómica. "Esa bomba tenía más potencia que veinte mil toneladas de TNT. Tenía más de dos mil veces la potencia del Grand Slam británico, la bomba más grande jamás usada en la historia de las guerras." Las víctimas que eran aun capaces de preocuparse acerca de lo sucedido lo veían en términos bastante más primitivos e infantiles: gasolina rociada desde un avión, quizás, o algún gas combustible, o una bomba incendiaria de dispersión, o la obra de un paracaidista; pero incluso si hubieran conocido la verdad, casi todos estaban demasiado ocupados o demasiado cansados o demasiado heridos para que les importara haber sido objetos del primer gran experimento en el uso de la energía atómica, el cual (como lo anunciaba a gritos la onda corta) ningún país, salvo los Estados Unidos, con su saber industrial, su disposición a invertir dos millones de dólares en una importante apuesta de guerra, habría podido desarrollar.

El señor Tanimoto todavía estaba enfadado con los doctores. Decidió encargarse personalmente de que alguno viniera al parque Asano, llevándolo del cuello si era necesario. Cruzó el río, pasó junto al templo Shinto en el cual se había encontrado brevemente con su esposa el día anterior, y caminó hasta la Plaza de Armas del Oriente. Pensó que aquí podría encontrar una estación de auxilio, puesto que el lugar había sido señalado con mucha anticipación como zona segura. Encontró la estación: la operaba una unidad médica del Ejército. Pero también encontró que sus doctores estaban completamente sobrecargados, con miles de pacientes desparramados a lo largo del campo, entre cuerpos sin vida. Sin embargo, se aproximó a uno de los médicos militares y le dijo, en todo el tono de reproche del que fue capaz: "¿Por qué no han venido ustedes al parque Asano? Los necesitan con urgencia".

Sin siquiera levantar la cabeza de su trabajo, el doctor dijo, con voz cansada: "Mi puesto está aquí".

"Pero la gente se está muriendo en la orilla del río."

"La primera obligación", dijo el doctor, "es ocuparse de los heridos más leves".

"¿Por qué los más leves, cuando hay muchos gravemente heridos en la orilla?"

El doctor avanzó hacia otro paciente. "En una emergencia como ésta", dijo como si recitara de un manual, "la primera tarea es ayudar al mayor número posible, salvar tantas vidas como sea posible. Para los heridos graves no hay esperanzas. Morirán. No podemos preocuparnos por ellos".

"Eso puede ser cierto, desde un punto de vista médico", comenzó el señor Tanimoto. Pero entonces miró hacia el campo, donde los muchos muertos yacían en una especie de intimidad junto a los que aún vivían, y se dio la vuelta sin siquiera terminar su frase, enfadado consigo mismo. No sabía qué hacer; había prometido a algunos moribundos del parque que les llevaría ayuda médica. Tal vez morirían sintiéndose engañados. Vio un puesto de racionamiento a un lado del campo, y fue a pedir pasteles de arroz y galletas, y los llevó al parque en vez de doctores.

De nuevo era una mañana calurosa. El padre Kleinsorge fue a buscar agua para los heridos con una botella y una tetera que había tomado prestadas. Había oído que era posible conseguir agua fresca fuera del parque Asano. Al atravesar los jardines, tuvo que escalar por encima y gatear por debajo de los pinos caídos; se sintió débil. Había muchos muertos en los jardines. Cerca de un hermoso puente en forma de luna encontró a una mujer desnuda que parecía quemada de la cabeza a los pies, todo su cuerpo estaba colorado. Un médico militar estaba trabajando cerca de la entrada del parque, pero no tenía más que yodo, y lo aplicaba sobre heridas, raspaduras, quemaduras pegajosas; y ahora todo lo que había cubierto con yodo aparecía lleno de pus. Del otro lado de las puertas del parque el padre Kleinsorge encontró un grifo que aún funcionaba —parte de la tubería de una casa desaparecida—, llenó sus recipientes y regresó. Cuando hubo dado agua a los heridos, hizo un segundo viaje. Esta vez encontró a la mujer del puente muerta. Regresando con el agua se perdió en un desvío alrededor de un tronco caído, y al buscar el camino entre los árboles escuchó una voz que venía desde los arbustos y le preguntaba: "¿Tiene algo de beber?". El padre Kleinsorge vio un uniforme. Pensando que se trataba de solamente un soldado, se acercó con el agua. Cuando entró en los arbustos se dio cuenta de que había unos veinte hombres, todos en el mismo estado de pesadilla: sus caras completamente quemadas, las cuencas de sus ojos huecas, y el fluido de los ojos derretidos resbalando por sus mejillas. (Debieron de estar mirando hacia arriba cuando estalló la bomba; tal vez fueran personal antiaéreo.) Sus bocas no eran más que heridas hinchadas y cubiertas de pus, incapaces de abrirse lo necesario para beber de la tetera. Así que el padre Kleinsorge tomó una gruesa hoja de hierba y le arrancó el tallo para hacer una pajita, y de esa forma les dio de beber.

"No puedo ver", dijo uno de ellos. El padre Kleinsorge repuso tan alegremente como pudo: "Hay un doctor a la entrada del parque. Ahora está ocupado, pero pronto vendrá, y sin duda podrá ocuparse de sus ojos".

Desde ese día, el padre Kleinsorge ha recordado los mareos que sentía en presencia del dolor, la forma en que un corte en el dedo de otra persona solía provocarle desmayos. Y sin embargo allí, en el parque, estaba tan anestesiado que inmediatamente después de aquella horrible escena se detuvo en un sendero, cerca de uno de los estanques, y discutió con un hombre levemente herido acerca de la conveniencia de comerse una gruesa carpa de casi un metro de largo que flotaba muerta sobre el agua. Decidieron, después de ciertas consideraciones, que sería poco prudente.

El padre Kleinsorge llenó por tercera vez los contenedores y regresó a la orilla del río. Allí, entre muertos y moribundos, vio a una joven que intentaba zurcir con aguja e hilo su kimono rasgado. El padre Kleinsorge bromeó con ella. "Pero si eres una presumida", le dijo. Ella rió.

Se sintió cansado y se recostó un instante. Comenzó a hablar con dos niños encantadores a quienes había conocido la tarde anterior. Su apellido era Kataoka; la niña tenía trece años, el niño cinco. La niña había estado a punto de partir hacia una barbería cuando cayó la bomba. Cuando la familia se dirigía hacia el parque Asano, la madre decidió volver a buscar algo de comida y ropa; en medio de la multitud que huía, los niños quedaron separados de su madre, y no la habían visto desde entonces. De vez en cuando detenían sus alegres juegos y se ponían a llorar por ella.

A todos los niños del parque les resultaba difícil mantener el sentido de tragedia. Toshio Nakamura se emocionó cuando vio a su amigo Seichi Sato dentro de un bote con su familia, y corrió a la orilla y lo saludó y gritó: "¡Sato! ¡Sato!".

El otro niño se dio vuelta y preguntó: "¿Quién está ahí?".

"Nakamura."

"¡Hola, Toshio!"

"¿Estáis todos a salvo?"

"Sí. ¿Y vosotros?"

"Sí, estamos bien. Mis hermanas vomitan todo el tiempo, pero yo estoy bien."

En aquel calor terrible, el padre Kleinsorge comenzó a sentir sed, y no tenía ánimos para ir a buscar agua de nuevo. Poco antes del mediodía vio que una mujer japonesa repartía algo. Pronto llegó a donde él estaba y le dijo con voz amable: "Son hojas de té. Mastíquelas, joven, y se le pasará la sed". La gentileza de la mujer hizo que al padre Kleinsorge le dieran ganas de llorar. Durante semanas se había sentido oprimido por el odio que, cada vez más, los japoneses demostraban hacia los extranjeros, e incluso en compañía de sus amigos japoneses se había sentido incómodo. El gesto de la extraña lo hizo sentirse un poco nervioso.

Alrededor de las doce del día los sacerdotes del noviciado llegaron con la carretilla. Habían ido a la misión y recuperado algunas maletas que estaban guardadas en el refugio antiaéreo, y habían recogido también los restos de cálices derretidos de entre las cenizas de la capilla. Ahora apilaron sobre la carretilla la maleta del padre Kleinsorge, las pertenencias de la señora Murata y las de los Nakamura pusieron a las dos niñas Nakamura encima y se prepararon para partir. Entonces uno de los jesuitas, un hombre muy práctico, recordó que un tiempo atrás les habían notificado que si sufrían daños a la propiedad a manos del enemigo podían presentar una solicitud de compensación a la prefectura de policía. Los religiosos discutieron el asunto allí mismo, en medio del silencio de los heridos, y decidieron que sería el padre Kleinsorge, como antiguo residente de la misión destruida, quien presentaría la solicitud. Así que mientras los demás se iban con la carretilla el padre Kleinsorge se despidió de los niños Kataoka y empezó a caminar hacia una estación de policía. Los policías que estaban a cargo venían de otra ciudad, llevaban un uniforme impecable y tenían aspecto descansado. Una multitud de ciudadanos sucios y desesperados se agolpaba a su alrededor, la mayoría preguntando por familiares desaparecidos. El padre Kleinsorge llenó un formulario y empezó a caminar atravesando el centro de la ciudad, hacia Nagatsuka. Entonces se percató por primera vez de la magnitud del daño; pasaba junto a manzana tras manzana de ruinas, y, a pesar de todo lo que había visto en el parque, la escena le quitó el aliento. Para cuando llegó al noviciado se sentía exhausto. Lo último que hizo al desplomarse sobre la cama fue pedir que alguien fuera en busca de los huérfanos Kataoka.

En total, la señorita Sasaki permaneció dos días y dos noches bajo el trozo de tejado con la pierna rota y los dos desagradables acompañantes. Sólo lograba distraerse cuando grupos de hombres llegaban a los refugios antiaéreos de la fábrica –que ella alcanzaba a ver por debajo de una esquina de su refugio– y sacaban cuerpos de allí, arriándolos con sogas. Su pierna se volvió descolorida, hinchada y pútrida. Todo este tiempo estuvo sin comida y sin agua. Al tercer día, 8 de agosto, unos amigos que la creyeron muerta vinieron a buscar su cuerpo, y la encontraron a ella. Le dijeron que su madre, su padre y su hermano pequeño, que al momento de la explosión se encontraban en el Hospital Pediátrico Tamura (en el cual el bebé estaba internado entonces), habían sido dados por muertos, puesto que el hospital había quedado completamente destruido. Sus amigos la dejaron para que reflexionara sobre la noticia. Más tarde unos hombres la tomaron de brazos y piernas y la transportaron durante una distancia considerable para llevarla a un camión. El camión avanzó por un camino lleno de baches durante cerca de una hora, y la señorita Sasaki, que había llegado a convencerse de haber quedado completamente insensible al dolor, descubrió lo contrario. Los hombres la sacaron del camión en una estación de ayuda de la sección de Inokuchi, donde dos médicos militares la examinaron. En cuanto uno de ellos le tocó la herida, se desmayó. Se despertó a tiempo para escucharlos discutir si debían cortarle o no la pierna; uno dijo que había gangrena gaseosa en los labios de la herida y predijo que la paciente moriría si no amputaban, y el otro dijo que mala suerte, porque carecían de los instrumentos adecuados para la operación. Ella se desmayó de nuevo. Cuando recuperó la conciencia la llevaban a alguna parte sobre una camilla. La pusieron a bordo de una lancha en dirección de la isla vecina de Ninoshima, y allí la llevaron a un hospital militar. Otro doctor la examinó y dijo que ése no era un caso de gangrena gaseosa, aunque sí había una fractura múltiple bastante fea. Dijo con frialdad que lo sentía mucho, pero aquél era un hospital para casos de cirugía exclusivamente, y, puesto que la paciente no tenía gangrena, tendría que regresar a Hiroshima esa misma noche. Pero entonces el doctor le tomó la temperatura, y lo que vio en el termómetro le hizo autorizar que la paciente se quedara.

Ese día, 8 de agosto, el padre Cieslik fue a la ciudad para buscar al señor Fukai, el secretario japonés de la diócesis, que mientras la ciudad ardía había salido contra su voluntad a espaldas del padre Kleinsorge, y luego, en un acto de locura, había decidido regresar. El padre Cieslik comenzó la búsqueda en los alrededores del puente Sakai, donde los jesuitas habían visto al señor Fukai por última vez; fue a la Plaza de Armas del Oriente, la zona de evacuación a la cual habría podido dirigirse el secretario, y lo buscó entre los heridos y entre los muertos; fue a la prefectura de policía e indagó al respecto. No encontró rastro alguno del hombre. En la tarde, de regreso al noviciado, el estudiante de teología, que había compartido habitación con el señor Fukai en la misión, le dijo a los sacerdotes que poco antes de la bomba, durante una alarma de ataque aéreo, el secretario le había comentado: "El Japón se muere. Si llega a haber un bombardeo de verdad en Hiroshima, quiero morir con nuestra patria". Los sacerdotes concluyeron que el secretario había regresado a la ciudad para inmolarse entre sus llamas. Nunca lo volvieron a ver.

En el hospital de la Cruz Roja, el doctor Sasaki trabajó durante tres días seguidos con sólo una hora de sueño. El segundo día cosió las heridas más graves, y durante la noche y el día siguiente siguió suturando. Muchas de las heridas se habían enconado. Afortunadamente, alguien había encontrado una provisión intacta de *narucopon*, un sedante japonés, y el doctor pudo repartirlo entre los más doloridos. Empezó a correr el rumor dentro del personal del hospital de que había algo muy particular acerca de la gran bomba, porque al segundo día el subdirector del hospital bajó a la bóveda del sótano en la cual se conservaban las placas de rayos X, y las encontró en su lugar, pero ya expuestas. Ese día, un nuevo doctor y tres enfermeras llegaron desde la ciudad de Yamaguchi con vendajes de repuesto y antisépticos, y al tercer día otro médico y una docena de enfermeras llegaron desde Matsue, y aun así había solamente ocho doctores para diez mil pacientes. En la tarde del tercer día, agotado por su repugnante labor de costura, el doctor Sasaki se obsesionó con la idea de que su madre lo creía muerto. Obtuvo permiso para ir a Mukaihara. Caminó hasta los primeros suburbios, donde el servicio de tren eléctrico todavía funcionaba, y llegó a casa tarde en la noche. Su madre dijo que durante todo el tiempo había sabido que él se encontraba bien; una enfermera herida la había visitado para contárselo. El doctor se acostó y durmió diecisiete horas.

Antes del amanecer del 8 de agosto, alguien entró en la habitación del noviciado donde el padre Kleinsorge descansaba, buscó la bombilla que colgaba y la encendió. La repentina ola de luz que se derramó sobre el padre Kleinsorge lo hizo saltar de la cama, listo para un nuevo estrépito. Cuando se dio cuenta de lo ocurrido, soltó una risa confusa y volvió a dormir. El resto del día permaneció en la cama.

El 9 de agosto el padre Kleinsorge aún estaba cansado. El rector le dio una mirada a sus heridas y dijo que ni siquiera valía la pena vendarlas, y que sanarían en tres o cuatro días si el padre Kleinsorge las mantenía limpias. El padre Kleinsorge se sentía incómodo; todavía no lograba comprender aquello por lo que había pasado; como si fuera culpable de algo terrible, sintió que debía regresar a la escena de la violencia que había experimentado. Salió de la cama y caminó hacia la ciudad. Estuvo un rato excavando en las ruinas de la misión, pero no encontró nada. Fue a los terrenos donde antes había dos escuelas y preguntó por gente que conocía. Buscó a algunos de los japoneses católicos de la ciudad, pero sólo encontró casas caídas. Regresó al noviciado, estupefacto y sin nuevas pistas para comprender lo sucedido.

Dos minutos después de las once de la mañana del 9 de agosto, la segunda bomba atómica cayó, esta vez sobre Nagasaki. Pasaron varios días antes de que los supervivientes de Hiroshima se enteraran de que tenían compañía, porque la radio y los diarios japoneses eran extremadamente cautelosos en lo tocante a aquella extraña arma.

El 9 de agosto, el señor Tanimoto estaba todavía trabajando en el parque. Fue al suburbio de Ushida, donde su esposa se estaba quedando en casa de amigos, y tomó una tienda de campaña que había guardado allí antes de los bombardeos. La llevó al parque y la usó como refugio para los heridos que no podían ni desplazarse ni ser desplazados. Hiciera lo que hiciera en el parque, no dejaba de sentirse observado por la señora Kamai, la muchacha de veinte años que había sido su vecina y a quien había visto el día de la explosión de la bomba con su niño muerto en brazos. La señora Kamai había conservado el cuerpo muerto durante cuatro días, aunque al segundo día comenzara a oler mal. Una vez, el señor Tanimoto se sentó con ella, y ella le dijo que la bomba la había enterrado bajo su casa con el niño amarrado a su espalda con una correa, y cuando logró liberarse descubrió que el bebé tenía la boca llena de tierra y se ahogaba. Con su dedo meñique limpió cuidadosamente la boca del niño, y logró que respirara bien durante un tiempo; entonces, de repente, el niño murió. La señora Kamai hablaba también del buen hombre que había sido su marido, y le rogaba al señor

Tanimoto que fuera en su búsqueda. Puesto que el señor Tanimoto había recorrido toda la ciudad el primer día y había visto
a soldados del cuartel de Kamai con quemaduras terribles, sabía
que sería imposible encontrarlo, incluso si viviera; pero, por
supuesto, no se lo dijo. Y cada vez que la mujer veía a Tanimoto
le preguntaba si había encontrado a su marido. Una vez él trató de sugerir que quizá fuera tiempo de cremar al bebé, pero sólo
logró que la señora Kamai se agarrara a él con más fuerza. Él
empezó a alejarse de ella, pero cada vez que la miraba, ella lo
estaba mirando a él, y sus ojos repetían la misma pregunta.
Él intentó evitar su mirada dándole la espalda el mayor tiempo
posible.

Los jesuitas llevaron a unos cincuenta refugiados a la exquisita
capilla del noviciado. El rector les ofreció todo el cuidado médico de que era capaz, que consistía simplemente, en la mayoría
de los casos, en limpiar el pus de las heridas. A cada uno de
los Nakamura se le entregó una cobija y un mosquitero. La señora Nakamura y su hija más joven no tenían apetito, y no comieron nada; el hijo y la otra hija comieron —y vomitaron— todo
lo que se les dio. El 10 de agosto, una amiga, la señora Osaki,
vino a verlos para decirles que su hijo Hideo se había quemado vivo en la fábrica donde trabajaba. Hideo había sido una especie de héroe para Toshio, que lo había acompañado a la planta
varias veces para verlo manipular su máquina. Esa noche, Toshio despertó gritando. Había soñado que veía a la señora
Osaki salir con su familia de una hendidura en la tierra, y luego vio a Hideo en su máquina, un aparato grande con un cin-
turón giratorio; él mismo se encontraba junto a Hideo y esto,
por alguna razón, lo aterrorizaba.

Alguien le contó al padre Kleinsorge que el doctor Fujii había resultado herido, y había acabado por irse a la casa de verano de un amigo de nombre Okuma, en el pueblo de Fukawa. El 10 de agosto, el padre Kleinsorge pidió al padre Cieslik que fuese a ver cómo estaba el doctor Fujii. El padre Cieslik fue a la estación de Misasa, en las afueras de Hiroshima, viajó durante veinte minutos en un tren eléctrico y luego caminó una hora y media bajo un sol terrible hasta llegar a la casa del señor Okuma, que estaba al pie de una montaña, junto al río Ota. Encontró al doctor Fujii en kimono, sentado en una silla y aplicándose compresas en la clavícula rota. El doctor le contó al padre Cieslik acerca de la pérdida de sus lentes y dijo que los ojos empezaban a molestarle. Le mostró al cura las franjas azules y verdes de las partes de su cuerpo donde las vigas lo habían magullado. Le ofreció al jesuita un cigarrillo primero y un whisky después, aunque fueran tan sólo las once de la mañana. El padre Cieslik aceptó, porque pensó que eso satisfaría al doctor Fujii. Un sirviente trajo un poco de whisky Suntory, y el jesuita, el doctor y el anfitrión tuvieron una agradable conversación. El señor Okuma había vivido en Hawai y contó algunas cosas acerca de los norteamericanos. El doctor Fujii habló un poco del desastre. Dijo que el señor Okuma y una enfermera habían traído de las ruinas del hospital una caja fuerte que el doctor había guardado en su refugio. La caja contenía instrumentos de cirugía, y el doctor Fujii le dio al padre Cieslik un par de tijeras y unas pinzas para el rector del noviciado. El padre Cieslik se moría por hablar de una información que tenía, pero esperó a que la conversación llegara de forma natural al misterioso tema de la bomba. Entonces dijo saber de qué tipo de bomba se trataba; había recibido el dato de la mejor fuente: un periodista japonés que había llegado al noviciado. La bomba, dijo, no era para nada una bomba; era una especie de fino polvo de magnesio que habían rociado sobre la ciudad entera, y que explotaba al entrar en contacto con los cables de alta tensión del sistema eléctrico de la ciudad. "Eso quiere decir", dijo el doctor Fujii —perfectamente satisfecho, pues la información venía de un periodista—, "que sólo puede ser usada contra ciudades grandes y sólo durante el día, cuando las líneas del tranvía y esas cosas están funcionando".

El 11 de agosto, después de cinco días de ocuparse de los heridos en el parque, el señor Tanimoto regresó a su parroquia y se puso a escarbar en las ruinas. Recuperó algunos diarios y registros de la iglesia que se llevaban en libros y que apenas se habían quemado levemente en los bordes, y también algunos utensilios de cocina y piezas de cerámica. Mientras trabajaba se le acercó una señora Tanaka cuyo padre había estado preguntando por él. El señor Tanimoto tenía buenas razones para odiar a ese hombre: era un oficial retirado de una compañía transportadora que solía hacer ostentación de su caridad al tiempo que se comportaba de forma notoriamente egoísta y cruel, y que días antes de la bomba había acusado en público al señor Tanimoto de ser un espía de los norteamericanos. Varias veces había ridiculizado el cristianismo y lo había llamado antijaponés. Cuando cayó la bomba, el señor Tanaka se encontraba caminando frente a la estación de radio de la ciudad. Recibió serias quemaduras, pero fue capaz de llegar andando a su casa. Se refugió en la Asociación de Vecinos y una vez allí trató de obtener ayuda médica. Estaba seguro de que todos los doctores de Hiroshima vendrían a verlo: después de todo, él era un hombre rico, y famoso por sus donaciones. Cuando no vino nadie, él mismo salió a buscar ayuda; apoyado en el brazo de su hija, caminó de clínica privada en clínica privada, pero todos estaban en ruinas, y tuvo que regresar al refugio.

Ahora estaba muy débil, sabía que iba a morir. Estaba dispuesto a que cualquier religión lo consolara.

El señor Tanimoto acudió en su ayuda. Bajó a aquel refugio parecido a una tumba y, cuando sus ojos se acostumbraron a la oscuridad, vio al señor Tanaka, su cara y sus brazos inflados y cubiertos de sangre y pus, y sus ojos cerrados por la hinchazón. El viejo olía muy mal y se quejaba constantemente. Pareció reconocer la voz del señor Tanimoto. De pie en las escaleras del refugio, donde había un poco de luz, el señor Tanimoto leyó en voz alta un pasaje de una Biblia de bolsillo en japonés: "Pues mil años en Tu presencia son como el ayer cuando han pasado, como un centinela en la noche. Te llevas a los hijos de los hombres como un diluvio; ellos son como el sueño; en la mañana son como la verde hierba que crece. En la mañana florece y crece; en la tarde es cortada, y se marchita. Pues Tu ira nos consume y por Tu ira nos inquietamos. Ante Ti has llevado nuestras iniquidades; ante la luz de Tu rostro, nuestros pecados secretos. Pues en Tu ira pasan nuestros días todos: vivimos nuestros años como un cuento...".

El señor Tanaka murió mientras Tanimoto leía el salmo.

El 11 de agosto corrió un rumor en el Hospital Militar de Ninoshima. En el curso del día, un gran número de militares heridos llegaría a la isla desde los Cuarteles Generales del Ejército Regional en Chugoku, y sería preciso desalojar a todos los pacientes civiles. A la señorita Sasaki la pusieron en un barco aunque tenía todavía una fiebre alarmante, y ahora yacía sobre la cubierta con una almohada bajo la pierna. Había toldos en la cubierta, pero el curso de la nave la situó cara al sol. Sintió como si hubiera, entre ella y el sol, una lente de aumento. Su herida rezumaba pus, que pronto cubrió la almohada entera. Desembarcó en Hatsukaichi,

un pueblo varios kilómetros al sureste de Hiroshima, y fue llevada a la Escuela Primaria de Nuestra Señora de la Caridad, que
había sido transformada en hospital. Allí se quedó durante varios
días, hasta que un especialista en fracturas vino a verla desde Kobe.
Para entonces, su pierna estaba roja e hinchada hasta la cadera.
El doctor decidió que era imposible inmovilizarla. Hizo una incisión e introdujo un tubo de caucho para drenar la infección.

En el noviciado no había quién consolara a los huérfanos Kataoka. El padre Cieslik se esforzaba en distraerlos. Les hacía adivi-
nanzas: "¿Cuál es el animal más listo del mundo?", y después
de que la niña de trece años hubiera dicho el mono, el elefante
y el caballo, el padre decía: "No, es el hipopótamo", puesto que
en japonés su nombre es *kaba*, que al revés es *baka*, "estúpido".
Les contó historias de la Biblia, comenzando con la Creación.
Les mostró un álbum de recortes con fotos tomadas en Europa.
Y sin embargo los niños no dejaban de llorar por su madre.

Varios días después, el padre Cieslik comenzó a buscar a la
familia de los niños. Se enteró por la policía de que un tío había
estado averiguando su paradero en Kure, una ciudad no lejos
de allí. Después supo que un hermano mayor los había estado
rastreando a través de la oficina de correos en Ujina, un suburbio de Hiroshima. Más tarde escuchó que la madre vivía y estaba en la isla de Goto, cerca de Nagasaki. Y por último, consul-
tando periódicamente con la oficina de correos de Ujina, pudo
contactar al hermano y devolver los niños a su madre.

Cerca de una semana después de que cayera la bomba, un rumor
vago e incomprensible llegó a Hiroshima: la ciudad había sido

destruida por la energía que se libera cuando los átomos, de alguna manera, se parten en dos. Estos informes, transmitidos de boca
en boca, se referían al arma con el término *genshi bakudan*, cuyas
raíces pueden describirse como "bomba primogénita". Nadie
entendió la idea, ni le dio más crédito del que se le daba al polvo de magnesio, por ejemplo. Los diarios que se traían de otras
ciudades seguían ateniéndose a declaraciones extremadamente
generales como la que hizo Domei el 12 de agosto: "No podemos más que reconocer el tremendo poder de esta bomba inhu-
mana". Para este momento, físicos japoneses habían entrado en
la ciudad con electroscopios Lauritsen y electrómetros Neher;
habían entendido la idea perfectamente.

El 12 de agosto los Nakamura, aún bastante enfermos, viajaron al
pueblo vecino de Kobe, y se alojaron en casa de la cuñada de
la señora Nakamura. Al día siguiente la señora Nakamura regresó a Hiroshima, a pesar de encontrarse demasiado enferma para
caminar; llegó en tranvía a los alrededores; desde ahí, continuó
a pie. Durante la semana en el noviciado no había dejado de preocuparse por su madre, su hermano y su hermana mayor, que
vivían en la parte de la ciudad llamada Fukuro; además sentía
una especie de fascinación, tal como la había sentido el padre
Kleinsorge. Descubrió que toda su familia había muerto. Regresó a Kabe tan asombrada y deprimida por lo que había visto y
oído en la ciudad, que no dijo ni una palabra esa tarde.

Un orden relativo se fue estableciendo en el hospital de la Cruz
Roja. El doctor Sasaki regresó de su descanso y empezó a cla-
sificar a sus pacientes (que todavía se encontraban dispersos por

todas partes, incluso en las escaleras). Poco a poco el personal del hospital retiró los escombros. Lo mejor de todo fue que las enfermeras y los ayudantes empezaron a retirar los cadáveres. El problema de los muertos, de darles una cremación decente y de su conservación ritual, es para un japonés una responsabilidad moral más importante que el cuidado de los vivos. La mayoría de los muertos del primer día fueron identificados por sus familiares dentro del hospital y en los alrededores. A partir del segundo día, cuando un paciente se encontraba moribundo se le ataba a la ropa una etiqueta con su nombre. La cuadrilla encargada de los cadáveres los llevaba a un claro de las afueras, los ponía sobre piras hechas con la madera de las casas destruidas, los quemaba, repartía las cenizas en sobres para placas de rayos X, marcaba los sobres con el nombre del muerto y los apilaba, ordenada y respetuosamente, en la oficina principal. En pocos días, las columnas de sobres cubrieron un lado entero del improvisado templo.

En Kabe, la mañana del 15 de agosto, el niño Toshio Nakamura escuchó que un avión se acercaba. Salió corriendo y con ojo experto lo identificó: era un B-29. "¡Ahí va el señor B!", exclamó. Uno de sus parientes le gritó: "¿Es que no te cansas de señores B?".

En la pregunta había un cierto simbolismo. En ese mismo instante, la voz sosa y desanimada de Hirohito, el emperador Tenno, hablaba a través de la radio por primera vez en la historia. "Tras considerar profundamente las tendencias generales de este mundo y las condiciones actuales de nuestro imperio, hemos decidido atajar la presente situación recurriendo a una medida extraordinaria…"

La señora Nakamura había vuelto a la ciudad para recuperar un poco de arroz que había enterrado en el refugio de su Asociación de Vecinos. Lo encontró y emprendió el camino de vuelta a Kabe. En el tranvía se topó, por casualidad, con su hermana menor, que el día de la bomba estaba fuera de Hiroshima. "¿Has oído las noticias?", preguntó su hermana.

"¿Qué noticias?"

"La guerra ha terminado."

"No digas tonterías."

"Pero si yo misma lo escuché en la radio." Y luego, en susurros: "Era la voz del Emperador".

"Ah", dijo la señora Nakamura (era todo lo necesitaba para renunciar a sus esperanzas de que Japón ganara la guerra, a pesar de la bomba atómica), "en ese caso…".

Poco después, en carta a un norteamericano, el señor Tanimoto describió los eventos de esa mañana. "Llegada la posguerra, ocurrió la cosa más maravillosa de nuestra historia. Nuestro Emperador transmitió su propia voz por radio, para que la escucháramos nosotros, la gente común y corriente de Japón. El 15 de agosto nos dijeron que escucharíamos una noticia de gran importancia y que todos deberíamos escucharla. Entonces fui a la estación de trenes de Hiroshima. Allí habían puesto un altavoz en las ruinas de la estación. Muchos civiles, todos ellos vendados, algunos de ellos apoyados en los hombros de sus hijas, algunos con las piernas entablilladas, escucharon la transmisión y cuando se dieron cuenta de que era el Emperador, lloraron con los ojos llenos de lágrimas. 'Qué bendición es que Tenno en persona nos hable y oigamos su propia voz. Nos sentimos plenamente satisfechos en tal sacrificio.' Cuando supieron que la guerra había terminado, o sea que Japón había sido derrotado, ellos, por supuesto, sintieron desilusión profunda, pero siguieron los preceptos de su emperador con el espíritu sereno, haciendo sacrificios de todo corazón por la paz del mundo, y Japón emprendió un camino nuevo."

IV

MATRICARIA Y MIJO SALVAJE

*E*l 18 de agosto, doce días después de que estallara la bomba, el padre Kleinsorge partió a pie desde el noviciado hacia Hiroshima, con su maleta de *papier-mâché* en la mano. Había llegado a pensar que esta maleta, en la cual había guardado sus objetos de valor, tenía cualidades de talismán debido a la forma en que la había encontrado el día de la explosión: con la manija hacia arriba en la entrada de su habitación, mientras el escritorio bajo el cual la había escondido estaba hecho astillas y desparramado por el piso. Ahora la usaba para llevar los yenes de la Compañía de Jesús a la sucursal en Hiroshima del Banco de la Moneda de Yokohama, que ya había vuelto a abrir las puertas de su derruido edificio. Era cierto que los cortes menores que había sufrido no sanaron en tres o cuatro días, como tan decididamente había prometido, después de examinarlas, el rector del noviciado, pero el padre Kleinsorge se había tomado una semana de descanso y consideraba que ya estaba de nuevo listo para trabajar duro. Ya se había acostumbrado a las escenas terribles que tenía que atravesar de camino a la ciudad: las franjas marrones sobre el gran campo de arroz cerca del noviciado; las casas de las afueras, todavía en pie pero decrépitas, sus ventanas rotas y sus tejas desordenadas; y luego, de repente, el comienzo de los seis kilómetros cuadrados de cicatriz entre rojiza y marrón donde casi todo había sido quemado o destruido:

hilera tras hilera de manzanas destruidas con crudos letreros puestos aquí y allá, sobre pilas de ladrillo y cenizas ("Hermana, ¿dónde estás?", o "Todos a salvo y en Toyosaka"); árboles desnudos y postes de teléfono inclinados; escasos edificios, de pie pero destripados, que acentuaban la horizontalidad de lo demás (el Museo de la Ciencia y de la Industria, con su domo reducido a su estructura de acero, como dispuesto para una autopsia; el moderno edificio de la Cámara de Comercio, cuya torre permanecía, después de la explosión, tan fría, rígida e inexpugnable como antes; el Ayuntamiento, inmenso, chato y camuflado; la hilera de bancos en ruinas, caricatura de una economía conmocionada); y en las calles, un tráfico macabro: cientos de bicicletas abolladas, carrocerías de tranvías y automóviles, todos detenidos en pleno movimiento. Durante el camino el padre Kleinsorge pensó que todo aquel daño había sido causado en un instante y por una bomba. Para cuando llegó al centro de la ciudad, el día se había calentado mucho. Se dirigió al banco Yokohama, que funcionaba temporalmente en una cabaña de madera en la planta baja del edificio, depositó el dinero, pasó por la misión sólo para ver los destrozos de nuevo, y luego regresó al noviciado. A medio camino empezó a tener sensaciones curiosas. La maleta más o menos mágica ahora estaba vacía, pero parecía más pesada. El padre sentía debilidad en las rodillas. Estaba terriblemente cansado. Alcanzó a llegar al noviciado haciendo un gasto de energía considerable. No pensó que valiera la pena mencionar su debilidad a los demás jesuitas. Pero un par de días después, mientras intentaba decir la misa, sufrió un desmayo; e incluso después de tres intentos se sintió incapaz de continuar el servicio. A la mañana siguiente el rector, que había examinado cada día los cortes aparentemente desdeñables (pero que todavía no sanaban) del padre Kleinsorge, le dijo:

"¿Qué se ha hecho en sus heridas?". De repente, se habían abierto y estaban inflamadas.

La mañana del 20 de agosto, mientras se vestía en casa de su cuñada en Kabe, la señora Nakamura –que no había sufrido corte ni quemadura alguno, aunque había sentido náuseas durante toda la semana en que ella y sus niños fueron huéspedes del padre Kleinsorge y los otros católicos del noviciado– notó al peinarse que el cepillo se llevaba un mechón entero de pelo; la segunda vez, ocurrió lo mismo, así que de inmediato dejó de peinarse. Pero durante los tres o cuatro días que siguieron, su pelo siguió cayéndose solo, hasta que se quedó casi calva. Comenzó a quedarse en casa, prácticamente escondida. El 26 de agosto, tanto ella como su hija Myeko se despertaron sintiéndose débiles y muy cansadas, y se quedaron en cama. Su hijo y su otra hija, que habían compartido con ella todo lo ocurrido durante y después de la bomba, se sentían perfectamente.

Casi al mismo tiempo –había trabajado tan duro para construir un lugar temporal de culto en una casa alquilada de las afueras, que había perdido por completo la noción de los días–, el señor Tanimoto cayó repentinamente enfermo: sentía malestar general, cansancio y fiebre; y también él prefirió quedarse en su estera, sobre el suelo de la casa semidestruida de un amigo en el suburbio de Ushida.

Ninguno de los cuatro lo sabía entonces, pero comenzaba a afectarlos la extraña y caprichosa enfermedad que después sería conocida como radiotoxemia.

La señorita Sasaki yacía en medio de constantes dolores en la Escuela Primaria de Nuestra Señora de la Caridad, en Hatsu-kaichi, la cuarta estación en tren eléctrico al suroeste de Hiro-

shima. Una infección interna impedía aún la debida manipula-
ción de la fractura múltiple de su pierna izquierda. Un joven
que estaba en el mismo hospital y que parecía haberse encari-
ñado con ella a pesar de su incesante preocupación por su propio sufrimiento —o era simplemente que le tenía lástima—, le prestó una traducción japonesa de Maupassant, y ella trató de leer los
relatos, pero sólo lograba concentrarse durante cuatro o cinco
minutos seguidos.

Durante las primeras semanas después de la bomba, los hospitales y las estaciones de ayuda alrededor de Hiroshima estuvieron tan atestados —y su personal, dependiendo de su salud y
de la llegada imprevisible de ayuda externa, cambió con tanta
frecuencia—, que los pacientes eran trasladados constantemente
de un lado al otro. La señorita Sasaki, que ya había sido trasladada tres veces —dos de ellas por barco—, fue llevada a finales
de agosto a una escuela de ingeniería, también en Hatsukaichi.
Puesto que su pierna no mejoraba, sino que se inflamaba más y
más, los doctores de la escuela la entablillaron, y el 9 de septiembre la llevaron en coche al hospital de la Cruz Roja en Hiroshima. Por primera vez podía ver las ruinas de Hiroshima; la
última vez que la habían llevado por las calles de la ciudad, la
señorita Sasaki había estado al borde de la inconsciencia. Aunque le habían descrito los destrozos, y aunque todavía la ator-
mentaba el dolor, la vista la sorprendió y la aterrorizó, y en particular notó algo que le causó escalofríos. Cubriéndolo todo —sobre
los restos de la ciudad, las alcantarillas y las orillas de los ríos,
enredado entre tejas y fragmentos de techumbre, sobre los troncos carbonizados de los árboles— se extendía un manto de ver-
dor fresco, vívido, lozano y optimista, que crecía incluso de los
cimientos de casas en ruinas. La hierba ya cubría las cenizas, y
entre los huesos de la ciudad florecían flores silvestres. La bom-

ba no sólo había dejado intactos los órganos subterráneos de las plantas; los había estimulado. Por todas partes había violetas y bayonetas, sarrión, campanillas y lirios, flores de soya, verdolagas y bardanas y sésamo y matricaria y mijo salvaje. En un círculo del centro, especialmente, había un caso extraordinario de regeneración: la brusquilla no sólo florecía entre los restos carbonizados de la misma planta sino que se abría paso en nuevos lugares, entre ladrillos y a través de las grietas del asfalto. Parecía como si una carga de semillas de brusquilla hubiera sido arrojada junto con la bomba.

En el hospital de la Cruz Roja, la señorita Sasaki fue puesta al cuidado del doctor Sasaki. Ahora que había pasado un mes desde de la explosión, un cierto orden se había restablecido en el hospital: los pacientes que todavía yacían en el corredor tenían ahora esterillas para dormir, y el suministro de medicamentos, que se había agotado en los primeros días, había sido reemplazado —si bien de forma inadecuada— por contribuciones de otras ciudades. El doctor Sasaki, que la tercera noche había dormido diecisiete horas en su casa, había descansado desde entonces seis horas por noche, y eso sobre una estera y en el hospital; su pequeño cuerpo había perdido nueve kilos; todavía usaba las gafas prestadas.

Puesto que la señorita Sasaki era una dama y además estaba tan enferma (y, según reconoció después el doctor, puesto que su apellido era Sasaki), el doctor Sasaki la acomodó sobre una estera en una habitación semiprivada que en ese momento sólo albergaba a ocho personas más. La entrevistó y escribió su informe con el alemán correcto y apretado en que los escribía todos: "*Mittelgrosse Patientin in gutem Ernährungszustand. Fraktur am linken Unterschenkelknochen mit Wunde; Anschwellung in der linken Unterschenkelgegend. Haut und sichtbare Schleimhäute mässig durch-*

blutet und kein Oedema", anotando que se trataba de una paciente de estatura mediana en buena condición general; que tenía una fractura múltiple en la tibia izquierda con inflamación de la parte inferior de la pierna izquierda; que su piel y sus membranas mucosas visibles estaban bastante afectadas de petequias, hemorragias del tamaño de un grano de arroz o incluso tan grandes como uno de soya; que su cabeza, ojos, garganta, pulmones y corazón se encontraban en estado normal; y que tenía fiebre. Quería reducir su fractura y enyesar su pierna, pero el yeso de París se le había acabado tiempo atrás, así que simplemente la acostó sobre una estera y le recetó aspirina para la fiebre, y glucosa intravenosa y diastasa oral para su desnutrición (que el doctor no anotó en su historia médica porque todo el mundo la sufría). La señorita Sasaki exhibía solamente uno de los síntomas extraños que tantos de sus pacientes comenzaban a mostrar: las manchas de hemorragia.

Al doctor Fujii aún lo perseguía la mala suerte, y esa mala suerte aún estaba relacionada con los ríos. Ahora vivía en la casa de verano del señor Okuma, en Fukawa. Esta casa estaba encaramada en la escarpada orilla del río Ota. Aquí, sus heridas parecieron mejorar, y llegó incluso a tratar a refugiados del vecindario con provisiones médicas que había rescatado de un alijo suburbano. Notó en sus pacientes un curioso síndrome que surgió durante la tercera y la cuarta semana, pero poco pudo hacer a parte de vendar cortes y quemaduras. A principios de septiembre comenzó a llover constante, copiosamente. El río creció. El 17 de septiembre cayó un aguacero y luego hubo un tifón, y el agua subía más y más sobre el banco del río. El señor Okuma y el doctor Fujii se preocuparon y escalaron la montaña hasta llegar a la casa de un campesino. (Abajo, en Hiroshima, la inundación continuó el trabajo que la bomba había comenzado –barrió puentes que habían sobrevivido a la explosión, minó los cimientos de los edificios que se mantuvieron en pie– y dieciséis kilómetros al oeste, el Hospital Militar Ono, donde un equipo de expertos de la Universidad Imperial de Kyoto estudiaba las afecciones retardadas de los pacientes, se deslizó de repente por una hermosa ladera cubierta de pinos y fue a caer al mar Interior, y la mayoría de los investigadores se ahogó junto con aquellos pacientes misteriosamente enfermos.) Tras la tormenta, el doctor Fujii y el señor Okuma bajaron al río y encontraron que la casa de los Okuma había desaparecido por completo.

A causa de los repentinos malestares que habían comenzado a afectar a la gente casi un mes después de la bomba, un rumor desagradable comenzó a circular, y no tardó en llegar a la casa de Kabe donde la señora Nakamura yacía calva y enferma. El rumor decía que la bomba atómica había depositado en Hiroshima una especie de veneno que despediría emanaciones mortíferas durante siete años; en ese tiempo, nadie debía acercarse al lugar. Esto disgustó particularmente a la señora Nakamura: recordó que la mañana de la bomba, en un momento de confusión, había hundido el que era su único medio de subsistencia, su máquina de coser Sankoku, en un pequeño depósito de cemento frente a los restos de su casa; ahora nadie podría ir a recuperarlo. Hasta este momento, la señora Nakamura y sus familiares habían mantenido una actitud resignada y pasiva frente a la cuestión moral de la bomba, pero este rumor despertó en ellos más odio, más resentimiento contra los Estados Unidos del que habían sentido durante la guerra.

Físicos japoneses que conocían bien el tema de la fisión atómica (uno de ellos tenía un ciclotrón propio) se mostraban muy preocupados acerca de la radiación persistente en Hiroshima, y a mediados de agosto, poco después de que el presidente Truman revelara el tipo de bomba que se había arrojado, entraron a la ciudad para investigar. Lo primero que hicieron fue determinar a grandes rasgos un centro de impacto, con base en la inclinación de los postes de teléfono alrededor del corazón de la ciudad. Se decidieron por la puerta torii del templo Gokoku, justo al lado de la plaza de armas de los Cuarteles Generales del Ejército Regional de Chugoku. Desde allí recorrieron la ciudad de norte a sur con electroscopios Lauritsen, que son sensibles tanto a partículas beta como a rayos gamma. Los electroscopios indicaban que la mayor intensidad de radioactividad se daba cerca del torii, y era 4.2 veces mayor que la "fuga" promedio de ondas ultracortas en la tierra de esa zona. Los científicos notaron que el resplandor de la bomba había decolorado el cemento hasta dejarlo de un rojo claro, había escamado la superficie del granito y chamuscado otros tipos de materiales de construcción, y en algunos lugares la bomba había dejado marcas correspondientes a las sombras de las formas que su luz había iluminado. Los expertos encontraron, por ejemplo, una sombra permanente proyectada sobre el techo de la Cámara de Comercio (a 200 metros del centro aproximado) por la torre rectangular de esa misma estructura; encontraron varias otras en el puesto de observación, en el último piso del edificio de la Electrificadora Chugoku (730 metros); otra más proyectada por la manija de una bomba de gas (2.400 metros); y varias más sobre tumbas de granito en el templo Gokoku (350 metros). Triangulando éstas y otras sombras con respecto a los objetos que las causaron, los científicos determinaron que el centro exacto era un punto ciento cincuenta metros al sur del torii y pocos metros al sureste de la pila de ruinas que alguna vez había sido el Hospital Shima. (Algunas siluetas vagamente humanas fueron encontradas, y esto dio origen a leyendas que con el tiempo llegaron a incluir detalles imaginativos y precisos. Una de las historias contaba que un pintor subido en su escalera había sido perpetuado, como monumento de bajorrelieve, en el acto de mojar su brocha en el bote de pintura, sobre la fachada de piedra del banco que pintaba; otra, que en el centro de la explosión, sobre el puente que hay cerca del Museo de la Ciencia y la Industria, un hombre y su carromato habían sido proyectados en forma de una sombra repujada que revelaba que el hombre había estado a punto de azotar a su caballo.) Partiendo desde el centro hacia este y oeste, los científicos realizaron nuevas mediciones a principios de septiembre, y la radiación más alta que descubrieron esta vez era 3.9 veces superior a la "fuga" natural. Puesto que sería necesaria una radiación mil veces superior a la "fuga" natural para afectar seriamente al cuerpo humano, los científicos anunciaron que la gente podía regresar a Hiroshima sin peligro de ningún tipo.

Tan pronto como estas palabras tranquilizadoras llegaron a la casa en que se escondía la señora Nakamura (o en cualquier caso poco después de que su pelo comenzara a crecer de nuevo) se debilitó el odio que su familia sentía hacia los Estados Unidos, y la señora Nakamura mandó a su cuñado a buscar la máquina de coser. La encontró sumergida aún en el depósito de agua, y cuando la trajo a casa la señora Nakamura vio, para su gran disgusto, que estaba completamente oxidada e inservible.

Hacia fines de la primera semana de septiembre, el padre Kleinsorge se encontraba en cama en el noviciado, afectado por una fiebre de 39°, y, puesto que parecía empeorar, sus colegas decidieron mandarlo al Hospital Católico Internacional de Tokio. El padre Cieslik y el rector lo llevaron hasta Kobe y un jesuita de la localidad lo acompañó el resto del camino con un mensaje de un doctor de Kobe para la Madre Superiora del Hospital Internacional: "Piénselo bien antes de hacerle a este hombre transfusiones sanguíneas, porque no tenemos ninguna certeza de que los pacientes de la bomba atómica dejen de sangrar después de ser pinchados con una jeringa".

Cuando el padre Kleinsorge llegó al hospital, estaba pálido y terriblemente tembloroso. Se quejaba de que la bomba había alterado su digestión y le había provocado dolores abdominales. Tenía tres mil glóbulos blancos (lo normal es tener de cinco a siete mil), estaba seriamente anémico y la temperatura le había subido a 40°. Vino a verlo un doctor que no sabía demasiado acerca de estas extrañas manifestaciones —el padre Kleinsorge era apenas uno entre un puñado de pacientes de la bomba atómica que habían llegado hasta Tokio—, y frente al paciente se mostró muy optimista: "En dos semanas saldrá de aquí", le dijo. Pero al salir al corredor, le dijo a la madre superiora: "Morirá. Toda esta gente de la bomba muere, ya verá. Resisten un par de semanas y luego mueren".

El doctor prescribió sobrealimentación para el padre Kleinsorge. Cada tres horas lo obligaban a ingerir huevos o carne en líquido, y le daban toda el azúcar que pudiera soportar. Le dieron vitaminas, pastillas de hierro y arsénico (en solución de Fowler) para la anemia. El padre contrarió las dos predicciones del médico: ni murió ni salió en dos semanas. A pesar de que las instrucciones del doctor de Kobe lo privaron de transfusiones —que hubieran sido la terapia más útil de todas—, la fiebre y los problemas digestivos sanaron rápidamente. Su cuenta de glóbulos blancos subió durante un tiempo, pero a principios de octubre volvió a bajar a 3.600; entonces, en espacio de diez días, subió a más de lo normal, 8.800, para establecerse después en 5.800. Sus ridículos rasguños seguían desconcertando a todo el mundo. Sanaban durante unos días, y luego, cuando el padre se movía un poco, volvían a abrirse. Tan pronto como comenzó a sentirse un poco mejor, el padre disfrutó inmensamente. En Hiroshima no había sido más que uno entre miles de afectados; en Tokio era una curiosidad. Médicos del Ejército norteamericano venían por docenas para verlo. Expertos japoneses lo interrogaban. Un diario lo entrevistó. Y una vez vino a verlo el doctor que se había equivocado, le dio un apretón de manos y dijo: "Son desconcertantes estos casos de la bomba atómica".

La señora Nakamura continuaba en cama con Myeko dentro de su casa. Las dos seguían enfermas, y aunque la señora Nakamura vagamente intuía que su malestar era consecuencia de la bomba, era demasiado pobre para consultar a un doctor, y nunca llegó a saber cuál era exactamente el problema. Sin recibir tratamiento de ningún tipo, simplemente descansando, poco a poco se empezaron a sentir mejor. Myeko perdió un poco de pelo y una herida pequeña que tenía en el brazo tardó meses en sanar. El niño, Toshio, y la niña mayor, Yaeko, parecían encontrarse bastante bien, aunque también ellos habían perdido algo de pelo y sufrían de vez en cuando de fuertes dolores de cabeza. Toshio todavía tenía pesadillas: soñaba siempre con Hideo Osaki, el mecánico de diecinueve años, su héroe, a quien la bomba había matado.

Acostado y con 40° de fiebre, el señor Tanimoto no dejaba de preocuparse por todos los funerales que debería estar celebrando para los difuntos de su iglesia. Había pensado que lo suyo era un simple cansancio por el exceso de trabajo que había tenido desde la bomba, pero después de que la fiebre persistiera durante varios días, hizo venir a un doctor. El doctor estaba demasiado ocupado para visitarlo en Ushida; envió a una enfermera que reconoció los síntomas de una radiotoxemia leve y regresó de vez en cuando para darle inyecciones de vitamina B1. Un monje budista, conocido del señor Tanimoto, lo llamó para decirle que una moxibustión podría aliviarlo, y le mostró cómo podía aplicarse a sí mismo el antiguo tratamiento japonés en el cual una ramita de moxa, la hierba estimulante, se ataba a la muñeca y se le prendía fuego. El señor Tanimoto comprobó que cada tratamiento con moxa reducía en un grado su fiebre. La enfermera le había recomendado comer todo lo que pudiera, y cada cierto tiempo su suegra le traía vegetales y pescado de Tsuzu, el lugar donde vivía, a treinta kilómetros de allí. El señor Tanimoto guardó cama durante un mes, y luego hizo un viaje de diez horas en tren para llegar al hogar de su padre en Shikoku. Allí se quedó un mes más.

El doctor Sasaki y sus colegas del hospital de la Cruz Roja observaron el despliegue de aquella enfermedad sin precedentes y luego desarrollaron una teoría sobre su naturaleza. Según decidieron, tenía tres etapas. La primera etapa ya había terminado para cuando los doctores se dieron cuenta de que se encontraban frente a una nueva enfermedad; era la reacción directa del cuerpo al ser bombardeado, en el momento de la explosión de la bomba, por neutrones, partículas beta y rayos gamma. Las personas aparentemente ilesas, pero que habían muerto tan misteriosamente en los primeros días después de la bomba, sucumbieron a esta primera etapa. En ella murió el noventa y cinco por ciento de la gente que se encontraba a un kilómetro del centro, y muchos miles de los que se encontraban más lejos. Retrospectivamente, los doctores se percataron de que, aunque estas víctimas probablemente habían sufrido quemaduras y efectos del impacto, habían absorbido suficiente radiación para matarlas. Los rayos, simplemente, destruían las células: causaban la degeneración de su núcleo y rompían sus membranas. Muchos de quienes no murieron de inmediato enfermaron de náuseas, jaquecas, diarrea, malestar general y fiebre, síntomas que duraban varios días. Los doctores nunca pudieron confirmar si estos síntomas eran consecuencia de la radiación o bien de una crisis nerviosa. La segunda etapa comenzaba diez o quince días después de la bomba. Su primer síntoma era la caída del pelo. Enseguida había diarrea y una fiebre que en ocasiones llegaba a los 41° grados. Veinticinco a treinta días después de la explosión, aparecían desórdenes sanguíneos: la encías sangraban, la cantidad de glóbulos blancos caía drásticamente, y aparecían petequias sobre la piel y las mucosas. La disminución de glóbulos blancos reducía la capacidad del paciente para resistir las infecciones; las heridas tardaban mucho en sanar, y muchos de los pacientes desarrollaban infecciones de garganta y de boca. Los dos síntomas clave en los cuales los doctores llegaron a basar su prognosis fueron la fiebre y la baja cantidad de glóbulos blancos. Si la fiebre se mantenía alta y constante, la posibilidad de supervivencia del paciente era poca. El recuento de glóbulos blancos casi siempre bajaba a menos de cuatro mil; un paciente cuyo recuento bajara a menos de mil tenía poca esperanza de vida. Hacia el final de la segunda etapa —si sobrevivía el paciente— aparecía una anemia, o baja cantidad de glóbulos rojos. La tercera etapa era la reacción que se desarrollaba cuando el cuerpo intentaba compensar sus males: por ejemplo, la cantidad de glóbulos blancos no sólo regresaba a la normalidad sino que la sobrepasaba. En esta etapa, muchos pacientes morían de complicaciones como infecciones en la cavidad pulmonar. La mayor parte de las quemaduras dejaban al sanar capas profundas de tejido cicatrizado de color rosa y de textura gomosa conocidas como tumores queloides. La duración de la enfermedad variaba dependiendo de la constitución del paciente y de la cantidad de radiación recibida. Algunas víctimas se recuperaban en una semana; otras tardaban meses en sanar.

A medida que se revelaban los síntomas iba quedando claro que muchos de ellos eran similares a los efectos de las sobredosis de rayos X, y los doctores basaron sus terapias en ese parecido. Trataban a las víctimas con aceite de hígado, transfusiones de sangre y vitaminas, especialmente B1. La escasez de suministros y de instrumentos dificultaba los tratamientos. Los doctores que llegaron después de la rendición comprobaron la eficacia del plasma y de la penicilina. Puesto que los desórdenes sanguíneos eran, a largo plazo, el rasgo predominante de la enfermedad, algunos de los doctores japoneses desarrollaron una teoría sobre los efectos retardados de ésta. Pensaban que los rayos gamma, al penetrar el cuerpo en el momento de la explosión, volvían radioactivo el fósforo de los huesos de las víctimas, y que los huesos, a su vez, emitían partículas beta, las cuales, aunque no podían penetrar la carne, podían entrar en la médula ósea, donde la sangre se fabrica, y arruinarla gradualmente. Sea cual fuere su origen, la enfermedad tenía caprichos desconcertantes. No todos los pacientes presentaban los mismos síntomas básicos. Quienes habían sufrido quemaduras debido a la irradiación quedaron hasta cierto punto protegidos de la radiotoxemia. Los que mantuvieron cierto reposo durante los días (e incluso las horas) que siguieron a la explosión tenían menos posibilidades de enfermar que los más activos. El pelo gris rara vez se caía. Y, como si la naturaleza estuviera protegiendo al hombre de su propia inventiva, los procesos reproductivos quedaron afectados durante un tiempo; los hombres quedaron estériles, las mujeres sufrieron abortos y dejaron de menstruar.

Durante los diez días siguientes a la inundación el doctor Fujii vivió en la casa del campesino, en la falda de la montaña sobre el río Ota. Fue entonces que oyó hablar de una clínica privada que estaba vacante en Kaitachi, un suburbio al este de Hiroshima. La compró de inmediato, se mudó allí y colgó un letrero escrito en inglés en honor de los conquistadores:

M. FUJII, M.D.
Medical & Venereal

Bastante recuperado de sus heridas, el doctor Fujii pronto tuvo una clientela sólida para su consultorio, y en las tardes le encantaba recibir a miembros de las fuerzas de ocupación, con quienes practicaba el inglés y no escatimaba el whisky.

El 23 de octubre, tras ponerle a la señorita Sasaki una dosis de procaína como anestesia local, el doctor Sasaki hizo una incisión en su pierna para drenar la infección, que persistía aún once semanas después de la herida. Durante los días que siguieron se formó tanto pus que el doctor tenía que vendar la herida

cada mañana y nuevamente en la tarde. Una semana después
la señorita se quejó de que le dolía mucho, así que el doctor
hizo una nueva incisión; cortó por tercera vez el 9 de noviembre y el 26 amplió este corte. Mientras tanto, la señorita Sasaki
se debilitaba más y más, y su ánimo decaía. Un día vino a visitarla el joven que le había prestado su ejemplar de Maupassant
en Hatsukaichi; le dijo que estaba a punto de viajar a Kyushu pero
que le gustaría verla de nuevo cuando regresara. Ella no se inmu-
tó. Su pierna había estado tan hinchada y dolorosa que el doctor ni siquiera había intentado reducir la fractura y, aunque unos
rayos X tomados en noviembre mostraban que el hueso comenzaba a sanar, por debajo de la sábana la señorita Sasaki podía ver
que su pierna izquierda era casi diez centímetros más corta que
la derecha y que su pie izquierdo se estaba curvando hacia adentro. A menudo pensaba en el hombre con quien se había com-
prometido. Alguien le dijo que había regresado del extranjero,
y ella se preguntaba qué le habrían dicho sobre sus heridas para
mantenerlo alejado de esa forma.

El padre Kleinsorge fue dado de alta en el hospital de Tokio el
19 de diciembre, y tomó un tren hacia su casa. Dos días después, en Yokogawa, la última estación de la ruta antes de Hiroshima, el doctor Fujii subió al mismo tren. Era la primera vez que
los dos hombres se veían después del bombardeo. Se sentaron
juntos. El doctor Fujii dijo que se dirigía a la reunión anual de
su familia en el aniversario de la muerte de su padre. Cuando
comenzaron a hablar de sus experiencias, el doctor explicó con
mucha gracia cómo todos los lugares en que había vivido tenían
la costumbre de caerse al río. Entonces le preguntó al padre Kleinsorge cómo se encontraba, y el jesuita habló de su estadía en el

hospital. "Los doctores me ordenaron prudencia", dijo. "Me ordenaron tomar una siesta de dos horas cada tarde."

El doctor Fujii dijo: "Es difícil ser prudente en Hiroshima estos
días. Todo el mundo parece estar tan ocupado".

Un nuevo gobierno municipal, conformado bajo dirección de un
gobierno militar aliado, comenzó por fin a trabajar en el Ayuntamiento. Miles y miles de ciudadanos que se habían recuperado de diversos grados de radiotoxemia comenzaban a regresar
−para el 1 de noviembre, la población, agolpada principalmente en las calles, era de 137.000, más de un tercio de la cantidad
máxima de tiempos de guerra− y el gobierno diseñó todo tipo de
proyectos para ponerlos a trabajar en la reconstrucción de la ciudad. Se contrató a hombres que limpiaran las calles, otros que
recogieran los trozos de hierro, los clasificaran y apilaran frente
al Ayuntamiento. Algunos residentes que regresaban se ocupa-
ron de construir sus propias chabolas y cabañas y de plantar
junto a ellas pequeños jardines de trigo invernal, pero la ciudad
también autorizó y construyó cuatrocientos "barracones" unifa-
miliares. Los servicios fueron reparados: brillaron de nuevo las
luces eléctricas, los tranvías comenzaron a circular y los empleados del acueducto arreglaron setenta mil escapes de agua en la
red principal y en las tuberías. Bajo el consejo de un joven y entu-
siasta oficial del gobierno militar, el teniente John D. Montgo-
mery de Kalamazoo, una Conferencia de Planificación empezó
a considerar qué tipo de ciudad debería ser la nueva Hiroshima.
La ciudad en ruinas había florecido −y se había vuelto un atrac-
tivo blanco militar− básicamente porque se había transformado
en uno de los centros de comunicación y de mando militar de
Japón, y habría sido cuartel general del Imperio en caso de que

las islas hubieran sido invadidas y Tokio tomado. Ahora no habría
grandes establecimientos militares para ayudar a revivir la ciudad. La Conferencia de Planificación, sin saber muy bien qué
importancia podría ser asignada a Hiroshima, se apoyó en proyectos más bien vagos de reconstrucción. Se dibujaron mapas
con avenidas de 90 metros de ancho y se pensó seriamente en
erigir un grupo de edificios como monumento al desastre y en
bautizarlos como Instituto Internacional de Concordia. Los expertos de la estadística recopilaron cuantas cifras pudieron acerca de
los efectos de la bomba. Informaron que 78.150 personas habían muerto, 13.983 habían desaparecido y 37.425 habían sido
heridas. Nadie en el gobierno municipal pretendía que esas cifras
fueran exactas –aunque los norteamericanos las aceptaran como
oficiales– y a medida que pasaban los meses, y más y más cuerpos eran encontrados bajo las ruinas, y a medida que el número de urnas funerarias sin reclamar en el templo Zempoji de
Koi llegaba al millar, los encargados de las estadísticas comenzaron a decir que al menos cien mil personas habían muerto
durante el bombardeo. Puesto que muchos fallecieron debido a
una combinación de causas, era imposible saber cuántos habían
muerto debido a cada una, pero se calculó que alrededor de
un veinticinco por ciento murió debido a quemaduras directas
provocadas por la bomba, y un veinte por ciento debido a efectos de la radiación. Las estadísticas relacionadas con los daños
a la propiedad eran más confiables: de noventa mil edificios,
sesenta mil fueron destruidos, y seis mil más sufrieron daños irre-
parables. En el corazón de la ciudad se encontraron sólo cinco
edificios que pudieran ser habilitados de nuevo sin reparacio-
nes mayores. La cifra no era en absoluto achacable a los defectos en la construcción japonesa. De hecho, desde el terremoto de
1923 las normas de construcción japonesas requerían que el techo

de cada gran edificio fuese capaz de soportar una carga mínima de aproximadamente treinta y dos kilos por cien metros cuadrados, mientras que las normas norteamericanas no especifican más que dieciocho kilos por cada cien metros cuadrados.

La ciudad fue invadida por los científicos. Algunos medían la fuerza que había sido necesaria para desplazar lápidas de mármol en los cementerios, para tumbar veintidós de los cuarenta y siete vagones de tren que había en los patios de la estación de Hiroshima, para levantar y mover la calzada de cemento de uno de los puentes y para llevar a cabo otros notables actos de fuerza, y concluyó que la presión ejercida por la explosión varió entre 5.3 y 8 toneladas por metro cuadrado. Otros encontraron que la mica (cuya temperatura de fundición es 900°C) se había fundido con lápidas de granito a 350 metros del centro; que postes de teléfono fabricados en Cryptomeria japonica, cuya temperatura de carbonización es de 240°C, se habían carbonizado a 4.000 metros del centro; y que la superficie de las tejas de arcilla gris que se usaban en Hiroshima, cuya temperatura de fundición es de 1.300°C, se había derretido a 546 kilómetros; y, tras examinar otros restos de cenizas significativos, concluyeron que la temperatura de la tierra en el centro del impacto debió de ser de 6.000°C. Otras mediciones de la radiación –que incluyeron fragmentos de fisión incrustados en tuberías y desagües, en lugares tan apartados como el suburbio de Tasaku, a poco más de 3.000 metros del centro– proporcionaron datos mucho más significativos acerca de la naturaleza de la bomba. El cuartel general del General MacArthur censuró sistemáticamente toda mención de la bomba en publicaciones científicas japonesas, pero el fruto de los cálculos de los científicos pronto fue del dominio público entre los físicos japoneses, y también entre doctores, químicos, periodistas, profesores y, sin duda, entre los militares y hombres de Estado que estaban aún en activo. Mucho antes de que se informara al público norteamericano, la mayor parte de los científicos y muchos de los no científicos del Japón sabían —a partir de los cálculos de los físicos nucleares japoneses— que una bomba de uranio había explotado en Hiroshima y otra más poderosa, de plutonio, en Nagasaki. También sabían que una bomba diez o veinte veces más poderosa podía ser desarrollada, por lo menos en teoría. Los científicos japoneses creían saber exactamente a qué altura había explotado la bomba de Hiroshima y el peso aproximado del uranio usado. Calculaban que, incluso en el caso de la bomba de Hiroshima, para proteger por completo a un ser humano de la radiotoxemia se necesitaba un refugio de cemento de ciento treinta centímetros de grosor. Este material – que era información reservada de los Estados Unidos— fue impreso, mimeografiado y encuadernado en libros pequeños. Los norteamericanos sabían de su existencia, pero rastrearlo y asegurarse de que no cayera en las manos equivocadas obligaría a las fuerzas de ocupación a desplegar un enorme sistema policial en Japón, sólo para este propósito. A los científicos japoneses en general les divirtió, de alguna manera, el esfuerzo de sus conquistadores por mantener la seguridad sobre la fisión atómica.

A finales de febrero de 1946, un amigo de la señorita Sasaki buscó al padre Kleinsorge y le pidió que fuera al hospital a visitarla. Ella se sentía cada vez más deprimida y mórbida; parecía tener poco interés en la vida. El padre Kleinsorge fue varias veces a verla. En su primera visita se limitó a charlar de cosas generales, en un tono formal y vagamente comprensivo, y no tocó el tema de la religión. Fue la señorita Sasaki quien lo trajo a colación durante la segunda visita. Era evidente que había tenido charlas con un católico. No se anduvo con rodeos para preguntar: "Si su Dios es tan bueno y generoso, ¿cómo puede permitir que la gente sufra de este modo?". Su gesto abarcó a su pie encogido, a los otros pacientes de la sala y al resto de Hiroshima.

"Hija mía", dijo el padre Kleinsorge, "el hombre de ahora no es como Dios deseaba. Ha caído en desgracia a través del pecado". Y comenzó a explicar las razones de todo.

La señora Nakamura se enteró de que un carpintero de Kabe estaba construyendo chabolas de madera en Hiroshima, y arrendándolas por cincuenta yenes al mes: unos cincuenta centavos de dólar al cambio del momento. La señora Nakamura había perdido los certificados de sus bonos y otros ahorros que había reunido durante la guerra, pero afortunadamente había copiado todos los números días antes de la bomba y había llevado la lista a Kabe, y así, cuando su pelo hubo crecido lo suficiente para que sentirse presentable, la señora Nakamura fue a su banco en Hiroshima, y un empleado le dijo que el banco le daría su dinero después de comparar sus números con los registros. Tan pronto como lo recibió, arrendó una de las cabañas del carpintero. Quedaba en Naboricho, cerca del emplazamiento de su antigua casa, y aunque su suelo fuera de tierra y estuviera oscuro adentro, la cabaña era al menos un hogar en Hiroshima, y ella no tendría que seguir dependiendo de la caridad de sus suegros. Durante el verano limpió unos escombros cercanos y sembró un jardín de hortalizas. Cocinaba con utensilios y comía en platos que había escarbado de entre los escombros. Mandó a Myeko al jardín de infancia que los jesuitas habían reabierto, y los dos niños mayores asistían a la Escuela Primaria de Nobori-cho, en la cual, a falta de edificios, las clases se daban al aire libre. Toshio quería ser mecánico, como Hideo

Osaki, su héroe. Pero los precios subían; a mediados del verano, los ahorros de la señora Nakamura habían desaparecido. Vendió algunas de sus ropas para comprar comida. Hubo un tiempo en que la señora Nakamura había tenido varios kimonos muy costosos, pero uno fue robado durante la guerra, otro se lo regaló a una hermana que había sido expulsada de Tokuyama por los bombardeos, otros dos los perdió con la bomba de Hiroshima, y ahora tuvo que vender el último. En junio buscó consejo del padre Kleinsorge acerca de cómo sobrevivir, y a principios de agosto todavía estaba considerando las dos posibilidades que éste sugirió: trabajar como empleada doméstica para las fuerzas aliadas de la ocupación o tomar prestada de sus familiares cierta cantidad de dinero, unos quinientos yenes —poco más de treinta dólares— para reparar su oxidada máquina de coser y reiniciar su trabajo como costurera.

Cuando el señor Tanimoto regresó de Shikoku, extendió una tienda sobre el techo dañado de la casa que había arrendado en Ushida. Todavía había goteras en el techo, pero el señor Tanimoto realizaba los servicios religiosos en medio del húmedo salón. Comenzó a pensar en recolectar fondos para reparar su iglesia de la ciudad. Se hizo muy amigo del padre Kleinsorge y visitaba con frecuencia a los jesuitas. Envidiaba la riqueza de su iglesia; los jesuitas parecían capaces de hacer lo que quisieran. En cambio, su única herramienta de trabajo era su propia energía, que ya no era la de antes.

La Compañía de Jesús había sido la primera institución en construir una cabaña relativamente estable sobre las ruinas de Hiroshima. Eso fue mientras el padre Kleinsorge estaba en el hospital; tan pronto como regresó comenzó a vivir en la chabola, y en compañía de otro sacerdote, el padre Laderman (que se había unido a la misión), coordinó la compra de tres de los "barracones" estandarizados que se vendían en la ciudad a siete mil yenes cada uno. Hicieron una bonita capilla juntando dos de ellos, y comían en el tercero. Cuando hubo materiales disponibles, encargaron a un contratista que construyera una casa misión de tres pisos exactamente igual a la destruida por el fuego. En el complejo, los carpinteros cortaban madera, abrían boquetes para las entalladuras, daban forma a los espaldones, tallaban montones de estacas de madera y abrían huecos para ellas, hasta que todas las partes de la casa formaron una pila bien ordenada; entonces, en tres días, armaron la casa entera, como un rompecabezas oriental, sin utilizar ni una puntilla. Al padre Kleinsorge le estaba costando mucho trabajo echarse la siesta, tal y como lo había previsto el doctor Fujii. Todos los días salía caminando en busca de católicos japoneses y de posibles conversos. A medida que pasaban los meses, empezó a sentirse más y más cansado. En junio leyó un artículo en el *Chugoku* de Hiroshima que recomendaba a los supervivientes no trabajar demasiado duro, pero ¿qué podía hacer él? En julio ya se sentía agotado, y a principios de agosto, casi exactamente el día del aniversario de la bomba, regresó al Hospital Internacional Católico, en Tokio, para tomarse un mes de descanso.

Las respuestas del padre Kleinsorge a las preguntas de la señorita Sasaki podían ser o no verdades absolutas y definitivas, pero lo cierto fue que parecieron llenarla de fortaleza física. El doctor Sasaki lo notó y felicitó al padre Kleinsorge. Para el 15 de abril la temperatura y el recuento de glóbulos blancos habían vuelto a la normalidad y la infección de la herida comenzaba a desaparecer; para el 20 casi no había pus, y por primera vez la señorita salió al corredor y dio algunos pasos torpes sobre muletas. Cinco días después, la herida comenzó a sanar, y el último día del mes la señorita fue dada de alta.

A principios del verano se preparó para su conversión al catolicismo. Durante ese tiempo tuvo buenos y malos días. Sufría de depresiones profundas. Sabía que había quedado lisiada para toda la vida. Su prometido nunca vino a verla. No tenía nada que hacer excepto leer y divisar, desde la colina de Koi donde estaba su casa, las ruinas de la ciudad en la que su hermano y sus padres habían muerto. Estaba alterada, y cualquier sonido repentino la hacía llevarse las manos a la garganta. Todavía le dolía la pierna; la señorita Sasaki se la frotaba con frecuencia y le daba palmaditas como consolándola.

Al hospital de la Cruz Roja, volver a la normalidad le tomó seis meses; al doctor Sasaki le tomó incluso más tiempo. Hasta que la energía eléctrica fue reparada en la ciudad, el hospital tuvo que arreglárselas con la ayuda de un generador del ejército japonés instalado en el patio. Todo lo que fuera complicado y esencial —las mesas de operación, las máquinas de rayos X, las sillas de odontología— llegaba de otras ciudades en pequeñas dosis de caridad. En Japón la apariencia es importante, incluso para las instituciones, y mucho antes de que el hospital de la Cruz Roja hubiera recuperado el equipo médico básico, sus directores mandaron levantar una nueva fachada revestida de ladrillo amarillo, así que el hospital se transformó en el edificio más bello de Hiroshima —visto desde afuera, eso sí—. Durante los primeros cuatro meses, el doctor Sasaki fue el único cirujano del hospital, y casi nunca salió del edificio; después, poco a poco, comenzó a recuperar el interés por su propia vida. Se casó en marzo. Recuperó el peso que había perdido, pero su apetito seguía siendo modesto; antes del bombardeo solía comer cuatro bolas de arroz con cada comida, pero un año después sólo era capaz de comer dos. Se sentía cansado constantemente. "Pero tengo que darme cuenta", decía, "de que la comunidad entera se siente cansada".

Un año después de la bomba, la señorita Sasaki había quedado lisiada; la señora Nakamura se encontraba en la indigencia; el padre Kleinsorge estaba de nuevo en el hospital; el doctor Sasaki era incapaz de hacer el trabajo que antes hacía; el doctor Fujii había perdido el hospital de treinta habitaciones que tantos años le costó adquirir, y no tenía planes de reconstruirlo; la iglesia del señor Tanimoto estaba en ruinas, y él ya no contaba con su excepcional vitalidad. Las vidas de estas seis personas, que se contaban entre las más afortunadas de Hiroshima, habían cambiado para siempre. La opinión que cada uno tenía de la experiencia y del uso de bombas atómicas no era la misma, por supuesto. Sin embargo, parecían compartir una forma curiosa y eufórica de espíritu comunitario, algo así como el de los londinenses después del bombardeo de su ciudad: un orgullo por la forma en que ellos y sus conciudadanos habían hecho frente a una dura prueba. Poco antes del aniversario, el señor Tanimoto escribió, en carta a un norteamericano, algunas palabras que expresaban este sentimiento:

¡Qué escena tan desgarradora aquélla de la primera noche! A la medianoche llegué a la ribera del río. Había tanta gente herida en el suelo que me abrí paso caminando sobre ellos. Repitiendo "Disculpe", avancé con una jarra de agua y les di de beber. Los heridos levantaban la parte superior del cuerpo y aceptaban el vaso de agua con una venia y bebían en silencio, derramaban los restos y me devolvían la copa con sentida expresión de gratitud, y decían: "Yo no pude ayudar a mi hermana enterrada bajo la casa porque tuve que ocuparme de mi madre que tenía una herida profunda en el ojo y nuestra casa se incendió muy pronto y a duras penas logramos escapar. Mire, he perdido mi hogar, mi familia, y al final yo mismo herido gravemente. Pero ahora yo pongo mi mente a dedicar lo que tengo a completar la guerra por amor de nuestra patria". Así me juraban, incluso las mujeres y los niños hacían lo mismo. Me sentía completamente cansado y me recosté en el suelo entre ellos pero no pude dormir. A la mañana siguiente encontré a muchos de los hombres y mujeres muertos, a quienes había dado agua la noche anterior. Pero, para mi gran sorpresa, nunca escuché que nadie grita, aunque sufrieran tan grande agonía. Murieron en silencio, sin rencor, apretando los dientes para soportarlo. ¡Todo por la patria!

El doctor Y. Hiraiwa, profesor de la Universidad de Literatura y Ciencia de Hiroshima, y uno de los miembros de mi iglesia, fue sepultado por la bomba bajo los dos pisos de su casa, junto con su hijo, un estudiante de la Universidad de Tokio. Para ambos era imposible moverse bajo la presión del terrible peso. Y la casa se incendió en ese mismo instante. Su hijo le decía: "Padre, poco podemos hacer excepto decidirnos ya y consagrar nuestras vidas a la patria. Cantemos *Banzai* para el Emperador". Entonces el padre siguió al hijo, "*Tenno heika, Banzai, Banzai, Banzai!*" Entonces, según dijo el doctor Hiraiwa, "es extraño decirlo, pero me sentí calmado y lúcido y en espíritu de paz en mi corazón, cuando canté *Banzai* para Tenno". Después su hijo salió y escarbó y sacó a su padre y así se salvaron. Pensando en su experiencia de ese momento el doctor Hiraiwa repetía: "¡Qué afortunados que somos japoneses! Fue la primera vez que tuve una sensación tan bella, cuando decidí morir por nuestro Emperador".

La señorita Kayoko Nobutoki, estudiante de una escuela para chicas, Hiroshima Jazabuin, y además hija de un miembro de mi iglesia, estaba descansando con sus amigas junto a la pesada cancela del templo budista. Cuando cayó la bomba atómica, la cancela cayó sobre ellas. No podían moverse ni un poco bajo esa cancela tan pesada y entonces entró el humo incluso por las grietas y ahogaba su respiración. Una de las chicas comenzó a cantar *Kimi ga yo,* himno nacional, y otras le hicieron coro y murieron. Mientras tanto una de ellas encontró una grieta y se esforzó por salir. Cuando la llevaron al hospital de la Cruz Roja contó cómo habían muerto sus compañeras, rastreando con su memoria el canto en coro del himno nacional. Tenían sólo 13 años.

Sí, la gente de Hiroshima murió valientemente en el bombardeo atómico, confiando en que lo hacían por amor del Emperador.

Una cantidad sorprendente de habitantes de Hiroshima demostró una cierta indiferencia frente a la ética del uso de la bomba. Era posible que se sintieran demasiado aterrorizados incluso para pensar en ella. No fueron muchos los que se molestaron en averiguar siquiera cuál era su aspecto. Era típica la concepción –y el respetuoso miedo– que la señora Nakamura tenía de ella. "La bomba atómica", decía cuando se le preguntaba al respecto, "es del tamaño de una cajetilla de fósforos. El calor que desprende es seis mil veces mayor que el del sol. Explotó en el aire. Dentro de ella hay algo de radio. No sé bien cómo funciona, pero cuando el radio se une, la bomba explota". En cuanto al uso de la bomba, decía: "Estábamos en guerra y teníamos que estar preparados". Y añadía: "*Shikata ga nai*", una expresión japonesa equivalente a la palabra rusa *nichevo*, "Nada que hacer, mala suerte", y tan común como ella. Una tarde, el doctor Fujii dijo al padre Kleinsorge aproximadamente lo mismo, y en alemán: "*Da ist nichts zu machen. No hay nada que hacer al respecto*".

Y sin embargo muchos ciudadanos de Hiroshima continuaron sintiendo hacia los norteamericanos un odio imborrable. "Veo", dijo una vez el doctor Sasaki, "que están llevando a cabo un juicio contra los criminales de guerra en Tokio. Me parece que deberían juzgar a quienes decidieron que la bomba fuera arrojada, y deberían ahorcarlos a todos".

El padre Kleinsorge y los otros jesuitas alemanes, de quienes se esperaba que, como extranjeros, tuvieran un punto de vista relativamente imparcial, discutían a menudo la ética implícita en el uso de la bomba. Uno de ellos, el padre Siemes, que se encontraba en Nagatsuka en el momento del ataque, escribió en un informe para la Santa Sede en Roma: "Para algunos de nosotros, la bomba tiene la misma categoría que el gas venenoso, y nos oponíamos a su utilización contra la población civil. Otros opinaban que en una guerra total, como la que estaba llevando a cabo Japón, no había diferencia entre civiles y soldados, y que la bomba en sí misma era una fuerza efectiva capaz de terminar con el derramamiento de sangre al advertir a Japón que debía rendirse y evitar así la destrucción total. Parece lógico que aquel que apoya los principios de una guerra total no puede quejarse de una guerra contra los civiles. La cuestión es si resulta justificable una guerra total en su forma presente, aun cuando sirve a un propósito justo. ¿Acaso no tiene como consecuencia un mal material y espiritual que por mucho excede cualquier bien que se logre? ¿Cuándo nos darán nuestros moralistas una clara respuesta al respecto?".

Sería imposible saber qué horrores quedaron grabados en la memoria de los niños que vivieron el día del bombardeo de Hiroshima. Superficialmente, sus recuerdos, meses después del desastre, parecían ser los de una excitante aventura. Toshio Nakamura, que tenía diez años en el momento de la bomba, fue capaz muy pronto de hablar con libertad, incluso con desparpajo, acerca de la experiencia, y algunas semanas antes del aniversario escribió, para su profesor de la Escuela Primaria de Nobori-cho, un ensayo en el cual se ceñía a los hechos: "El día antes de la bomba fui a nadar un rato. En la mañana estaba comiendo cacahuetes. Vi una luz. Algo me arrojó al lugar donde dormía mi hermana pequeña. Cuando nos salvaron, yo sólo alcanzaba a ver hasta el tranvía. Mi madre y yo comenzamos a empacar nuestras cosas. Los vecinos caminaban por ahí quemados y sangrando. Hataya-*san* me dijo que huyera con ella. Dije que quería esperar a mi madre. Fuimos al parque. Hubo un torbellino. En la noche se quemó un depósito de gas y yo vi el reflejo en el río. Pasamos una noche en el parque. Al día siguiente fui al puente Taiko y me encontré con mis amigas Kikuki y Murakami. Buscaban a sus madres. Pero la madre de Kikuki estaba herida y la madre de Murakami, ¡ay!, estaba muerta".

V

LAS SECUELAS DEL DESASTRE

Hatsuyo Nakamura

*H*atsuyo Nakamura, débil y desposeída, emprendió una lucha valerosa que duraría muchos años por mantener vivos a sus niños, y por mantenerse viva ella misma.

Hizo reparar su oxidada máquina Sankoku y comenzó a aceptar trabajos de costurera: limpiaba la casa, lavaba la ropa y los platos de vecinos que se encontraban en mejor posición que ella. Pero el trabajo la agotaba tanto que tenía que tomarse dos días de descanso por cada tres de labores, y si por alguna razón se veía obligada a trabajar la semana entera, tenía entonces que descansar durante tres o cuatro días. Apenas ganaba lo suficiente para comer.

Entonces, precisamente en un momento tan precario, enfermó. Su vientre empezó a hincharse, sufría de diarrea y de tanto dolor que no podía hacer ningún trabajo. Un doctor que vivía cerca vino a verla. Le explicó que tenía lombrices, y le dijo, equivocadamente: "Si le muerden el intestino, morirá". En aquellos días había en Japón escasez de fertilizantes, así que los granjeros usaban estiércol humano, y como consecuencia muchas personas empezaron a sufrir de parásitos que no eran fatales en sí pero que debilitaban seriamente a quienes habían tenido radiotoxemia. El doctor trató a Nakamura-san (como se hubiera dirigido a ella) con santonin, una medicina un tanto peligrosa derivada de ciertas variedades de artemisia. Para pagar al doctor, ella se vio for-

zada a vender su último objeto de valor, la máquina de coser de
su esposo. Después consideraría ese instante como el más triste
y bajo de su vida.

Al referirse a quienes pasaron por la experiencia de los bombardeos de Hiroshima y Nagasaki, los japoneses tendían a evitar el término "supervivientes", porque concentrarse demasiado
en el hecho de estar con vida podía sugerir una ofensa a los sagra-
dos muertos. La clase de personas a la que pertenecía Nakamura-san vino a ser conocida con un nombre más neutral, "hibakusha": literalmente, "personas afectadas por una explosión".
Durante más de una década después de las explosiones, los hibakushas vivieron en una especie de limbo económico, aparentemente porque el gobierno japonés no quería aceptar ningún
tipo de responsabilidad moral por los crímenes horrendos come-
tidos por los victoriosos Estados Unidos. Aunque pronto resultó
claro que muchos hibakushas sufrieron, tras su contacto con la
bomba, consecuencias radicalmente distintas de las sufridas por
los sobrevivientes de bombardeos tan espantosos como los de
Tokio y otros lugares, el gobierno nunca tomó medidas especia-
les para auxiliarlos, hasta que una tormenta de indignación atravesó Japón cuando veintitrés tripulantes de un barco de pescadores –el "Dragón con suerte No. 5"– y su carga de atún fueron
alcanzados por las radiaciones de la bomba de hidrógeno que los
norteamericanos ensayaban en Bikini, en 1954. Incluso entonces tuvieron que pasar tres años antes de que la ley de auxilio
para los hibakushas fuera aprobada en el Diet.

Aunque Nakamura-san no podía saberlo, un oscuro porvenir
la esperaba. En Hiroshima, los primeros años después de la guerra fueron un tiempo particularmente doloroso para gente como

ella: un tiempo de desorden, hambre, codicia, robos, mercados
negros. Los empleados no-hibakushas desarrollaron prejuicios
contra los sobrevivientes cuando corrió el rumor de que eran
beneficiarios de todo tipo de ayudas, y de que incluso aquellos,
como Nakamura-san, que no habían sufrido mutilaciones crueles ni desarrollado síntomas serios y manifiestos, eran trabaja-
dores poco fiables, puesto que la mayoría parecían sufrir, como
ella, del malestar misterioso pero real que llegó a ser reconoci-
do como un tipo duradero de la enfermedad de la Bomba A: debilidad persistente, mareos ocasionales, problemas digestivos, todos
agravados por un sentimiento de opresión, una sensación de estar
condenados a muerte, pues se creía que inefables enfermedades
podían en cualquier momento plantar su semilla en el cuerpo
de sus víctimas e incluso en el de sus descendientes.

Nakamura-san se esforzaba por vivir el día a día, y no tenía
tiempo para adoptar poses acerca de la bomba ni nada parecido. Curiosamente, la sostenía una especie de pasividad resumi-
da en una frase que ella misma solía usar, "Shikata ga nai", que
significaba: "Nada que hacer". No era una mujer religiosa, pero
vivía en una cultura impregnada desde tiempos inmemoriales por
la creencia budista de que la resignación lleva a una percepción
clara de las cosas; había compartido con otros ciudadanos un profundo sentimiento de impotencia frente a una autoridad estatal
que había gozado de una solidez divina desde la Restauración
Meiji de 1868; y el infierno que le había tocado presenciar, y las
terribles secuelas del desastre que se manifestaban a su alrededor, trascendieron el entendimiento humano de tal forma que fue
imposible considerarlas obra de seres humanos resentidos, como
el piloto del "Enola Gay", o el presidente Truman, o los científicos que construyeron la bomba –o incluso, más próximos a ella,
los militaristas japoneses que fueron responsables haber entra-

do en guerra–. La bomba parecía casi un desastre natural: un desastre que era simplemente consecuencia de la mala suerte, parte del destino (que debía ser aceptado).

Una vez curada de los parásitos, cuando comenzó a sentirse mejor, Nakamura-san hizo un acuerdo para repartir el pan de un panadero llamado Takahashi, cuya panadería quedaba en Nobori-cho. Cuando se sentía con fuerzas, recibía pedidos de comerciantes al detal de su vecindario, y a la mañana siguiente recogía las barras de pan requeridas y las llevaba en canastas y cajas, hasta las tiendas. Era un trabajo agotador por el cual ganaba el equivalente de cincuenta centavos de dólar al día. Luego, tenía que tomarse varios días de descanso.

Después de cierto tiempo, cuando comenzó a sentirse algo más fuerte, se hizo cargo de otro tipo de venta ambulante. Se levantaba cuando aún estaba oscuro, y durante dos horas empujaba una carretilla prestada a través de la ciudad y hasta una sección llamada Eba, sobre la boca de uno de los siete ríos del estuario que, en la desembocadura del Ota, divide Hiroshima. Al amanecer, los pescadores arrojaban allí esas redes que parecían faldas con plomos, y ella los ayudaba cuando había que tirar de la red para recoger la pesca. Entonces empujaba el carrito de vuelta a Nobori-cho y vendía el pescado de puerta a puerta. Ganaba apenas lo suficiente para comer.

Un par de años después pudo encontrar un trabajo que se acomodaba mejor a su ocasional necesidad de descanso, porque podía, dentro de ciertos límites, hacerlo en su propio tiempo. Se trataba de recolectar dinero para la distribución del diario de Hiroshima, el *Chugoku Shimbun*, que leía la mayoría de los habitantes de la ciudad. Tenía que cubrir un territorio extenso, y con frecuencia sus clientes no se encontraban en casa o le aseguraban que en ese instante no podían pagar, así que ella se veía obligada a volver una y otra vez. Con este trabajo ganaba el equivalente a veinte dólares al mes. Cada día su fuerza de voluntad y su cansancio parecían luchar hasta lograr un difícil empate.

En 1951, después de años de esta dura rutina, a Nakamura-san le tocó en suerte —fue su destino, que debía ser aceptado— resultar elegible para mudarse a una mejor casa. Dos años antes, un cuáquero de nombre Floyd W. Schmoe, profesor de dendrografía de la Universidad de Washington, había venido a Hiroshima, llevado aparentemente por profundos afanes de expiación y reconciliación, formado un equipo de carpinteros y, con sus propias manos (y las de ellos), había comenzado a construir una serie de casas estilo japonés para las víctimas de la bomba; en total, el equipo llegó a construir veintiún casas. Una de ellas le fue asignada a Nakamura-san. Los japoneses miden sus casas por múltiplos del área de la estera *tsubo* que cubre el piso, que mide algo más de tres metros cuadrados, y las *casas Doctor Shum-o*, como las llamaban los habitantes de Hiroshima, tenían dos habitaciones de seis esteras cada una. Fue un gran paso adelante para los Nakamura. Esta casa olía a madera nueva y a esteras limpias. La renta debía pagarse al gobierno de la ciudad, y era el equivalente de un dólar mensual.

A pesar de la pobreza de la familia, los niños parecían crecer normalmente. Yaeko y Myeko, las dos hijas, estaban anémicas, pero hasta ese momento ninguno de los tres había sufrido las complicaciones más serias que afectaban a tantos jóvenes hibakushas. Yaeko, que ahora tenía catorce años, y Myeko, de once, asistían a la escuela secundaria. El niño, Toshio, listo para entrar a la preparatoria, iba a tener que ganar dinero para pagar su escuela, así que comenzó a repartir diarios en los lugares donde su madre recolectaba dinero. Aquellos sitios quedaban a alguna distancia de la casa Doctor Shum-o, y ambos tenían que tomar el tranvía entre la casa y el trabajo a horas difíciles.

La vieja choza de Nobori-cho permaneció desocupada durante un tiempo, y, mientras continuaba con su recaudación para periódicos, Nakamura-san la convirtió en una pequeña tienda callejera para niños, y vendía patatas dulces –asadas por ella misma–, *dagashi*, o pequeños dulces, pasteles de arroz y juguetes baratos que le compraba a un mayorista.

Durante todo este tiempo había estado recaudando los pagos de una pequeña compañía química, Suyama, fabricante de bolitas de naftalina que se vendían bajo la marca Paragen. Allí trabajaba una amiga suya, quien un día le sugirió que entrara en la compañía y ayudara a tareas de empaquetado. Nakamura-san supo que el dueño era un hombre compasivo que no compartía el resentimiento de otros empleadores hacia los hibakushas; de hecho, había varias entre las veinte mujeres de su equipo de empacadoras. Nakamura-san objetó que era incapaz de trabajar más de algunos días seguidos; la amiga la persuadió de que el señor Suyama lo entendería.

Así que empezó a trabajar. Vestidas con uniformes de la compañía, las mujeres permanecían de pie, algo inclinadas hacia delante, a ambos lados de un par de correas transportadoras, trabajando tan rápido como podían para empacar en celofán dos tipos distintos de Paragen. El olor del Paragen causaba mareos y al principio hacía arder los ojos. Su principal ingrediente, el paradiclorobenzeno en polvo, había sido comprimido en bolas de naftalina con forma de pastillas, y en esferas más grandes, del tamaño de una naranja, que se colgaban en los retretes japoneses donde su repugnante olor pseudomedicinal compensaba la inexistencia de una cisterna.

Como novata, Nakamura-san recibió ciento setenta yenes al día: menos de cincuenta centavos de dólar. Al principio el trabajo era complicado, terriblemente agotador y algo nauseabundo. Su palidez preocupaba a su jefe. Con frecuencia se tomaba el día libre. Pero poco a poco se acostumbró a la fábrica. Hizo nuevas amigas. Había una atmósfera familiar. Logró aumentos. En las dos pausas de diez minutos, en la mañana y en la tarde, cuando las correas transportadoras se detenían, había un murmullo de risas y cotilleos al cual ella se sumaba. Parecía que en el fondo de su temperamento hubiera permanecido, a lo largo de todo este tiempo, un poso de alegría que alimentara su larga lucha contra la lasitud generada por la bomba atómica; algo más cálido que la mera resignación, más vivificante que decir "*Shikata ganai*". Las demás mujeres se encariñaron con ella; ella les hacía favores todo el tiempo. Comenzaron a llamarla Oba-san, que aproximadamente significa "tía querida".

Trabajó trece años en Suyama. Aunque su energía todavía rendía cuentas de vez en cuando al síndrome de la bomba atómica, las traumáticas experiencias de ese día de 1945 parecían sepultarse gradualmente en su memoria.

El episodio del "Dragón con suerte No. 5" ocurrió en 1954, un año después de que Nakamura-san comenzara a trabajar para Suyama. En medio de la fiebre de indignación que hubo a continuación en el país, la provisión de cuidados médicos adecuados para las víctimas de las bombas de Hiroshima y Nagasaki se volvió por fin cuestión política. Casi cada año desde 1946, en el día del aniversario del bombardeo de Hiroshima, un Encuentro Conmemorativo por la Paz había tenido lugar en un parque definido por los urbanistas durante la reconstrucción de la ciudad como lugar de recuerdo; el 6 de agosto de 1955, fue allí donde se reunieron delegados de todo el mundo para la Primera Conferencia contra las Bombas Atómicas y de Hidrógeno. En el segundo día de la conferencia, un grupo de hibakushas dio testimonio, entre lágrimas, de la falta de atención por parte del gobierno hacia sus peticiones. Los partidos políticos japoneses asumieron la causa, y por fin, en 1957, el Diet promulgó la Ley de Cuidados Médicos para las Víctimas de la Bomba Atómica. Esta ley –y sus modificaciones subsiguientes– definió cuatro clases de personas que serían candidatas a ayudas: aquellos que estaban en los límites de la ciudad el día de la bomba; aquellas que entraron en un área de dos kilómetros de radio a partir del hipocentro en los catorce días siguientes al bombardeo; aquellas que entraron en contacto físico con las víctimas, ya fuera administrándoles primeros auxilios o cremando sus cuerpos; y aquellos que fueron embriones en el vientre de una mujer incluida en cualquiera de las tres categorías anteriores. Estos hibakushas tenían derecho a recibir los llamados libros de salud, los cuales les daban, a su vez, derecho a tratamiento médico gratuito. Posteriores revisiones de la ley asignaron mensualidades a víctimas que sufrieran de ciertas secuelas.

Como muchos hibakushas, Nakamura-san se había mantenido lejos de la agitación, y, de hecho, como varios supervivientes, ni siquiera se molestó en conseguir un libro de salud hasta un par de años después de que éstos aparecieran. Siempre había sido demasiado pobre para frecuentar a un doctor, y se había acostumbrado a arreglárselas sola y como pudiera, fuera cual fuese su problema. Además compartía con otros sobrevivientes la sospecha de que había motivos ulteriores de parte de esa gente politizada que participaba en las ceremonias y conferencias anuales.

Inmediatamente después de graduarse, Toshio, el hijo de Nakamura-san, consiguió un empleo en la división de buses de los
Ferrocarriles Nacionales Japoneses. Trabajaba en las oficinas
administrativas, primero en Horarios, luego en Contabilidad.
Tenía unos veinticinco años cuando se concertó su matrimonio
por mediación de un pariente que conocía a la familia de la novia.
Construyó una ampliación para la casa Doctor Shum-o, se mudó
y comenzó a contribuir a la manutención de su madre. Le dio
una nueva máquina de coser como regalo.

Yaeko, la hija mayor, se fue de Hiroshima tan pronto como se
hubo graduado de la escuela secundaria, a los quince años, para
ayudar a una tía enferma que administraba un *ryokan*, una hostería al estilo japonés. Allí se enamoró de un hombre que solía
comer en el restaurante de la hostería, y se casó por amor.

Tras graduarse como bachiller, Myeko, la más vulnerable de
los tres al síndrome de la bomba atómica, se hizo mecanógrafa
experta e impartió cursos en escuelas de mecanografía. Tiempo
después, su matrimonio fue concertado.

Igual que su madre, los tres hijos evitaron todo tipo de agitación prohibakusha o antinuclear.

En 1966, al cumplir cincuenta y cinco años, Nakamura-san se retiró de Suyama. Al final recibía un sueldo de treinta mil yenes al
mes, cerca de ochenta y cinco dólares. Sus hijos ya no dependían
de ella, y Toshio estaba preparado para asumir su responsabilidad de hijo frente a su madre. Ahora se sentía a gusto con su cuerpo; descansaba cuando lo necesitaba, y no tenía que preocuparse del costo de los medicamentos, porque había acabado por
recoger la libreta de salud número 1.023.993. Era tiempo de disfrutar la vida. Por el placer de regalar, tomó cursos de bordado

y de confección de vestidos para las tradicionales muñecas kime-komi, que según se dice dan buena suerte. Una vez a la semana, vestida con un kimono claro, iba a bailar al Grupo de Estudio de la Música Popular Japonesa. Con gestos expresivos y rígidos movimientos, con las manos escondidas en los largos pliegues de las mangas del kimono y la cabeza en alto, Nakamura-san bailaba, moviéndose como si flotara, junto a treinta mujeres como ella, mientras escuchaban una canción que celebraba la entrada a una casa:

> Que florezca tu familia
> Por mil generaciones,
> Por ocho mil generaciones.

Cerca de un año después de que Nakamura-san se jubilara, una organización llamada Asociación de Familias Afligidas la invitó a hacer un viaje en tren con otras cien viudas de guerra para visitar el Templo Yasukuni, en Tokio. Este lugar sagrado, establecido en 1869, estaba dedicado a las almas de todos los japoneses que habían muerto en las guerras contra las potencias extranjeras, y podía considerarse análogo, en términos de simbolismo nacional, al Cementerio Nacional de Arlington –con la diferencia de que aquí se santificaban almas, no cuerpos–. El templo era considerado por muchos japoneses como foco de un militarismo japonés todavía vivo, pero Nakamura-san, que nunca había visto las cenizas de su esposo y se había aferrado a la creencia de que algún día lo vería regresar a su lado, hizo caso omiso de todo aquello. La visita le pareció desconcertante. Aparte de las cien mujeres de Hiroshima, había en los terrenos del templo una multitud de mujeres de otras ciudades. A Nakamura-san le fue imposible sentirse en compañía de su marido muerto, y regresó a casa con la conciencia intranquila.

Eran momentos de auge para Japón. Los Nakamura todavía sufrían cierta estrechez, y Toshio debía trabajar largas horas, pero los días de luchas amargas comenzaban a parecer remotos. En 1975, una de las leyes que otorgaba apoyo económico a los hibakushas fue reformada, y Nakamura-san comenzó a recibir una mensualidad, llamada de protección sanitaria, de seis mil yenes, cerca de veinte dólares; gradualmente, esta suma se incrementaría hasta casi el doble. Nakamura-san recibía también una pensión, para la cual había cotizado en Suyama, de veinte mil yenes al mes, o sesenta y cinco dólares; y durante varios años había recibido una pensión mensual como viuda de guerra de veinte mil yenes más. Con la bonanza económica, por supuesto, los precios habían subido abruptamente (en algunos años Tokio se transformó en la ciudad más cara del mundo), pero Toshio se las arregló para comprar un pequeño coche Mitsubishi, y de vez en cuando se levantaba al amanecer y viajaba dos horas en tren para jugar golf con sus socios. El marido de Yaeko tenía una tienda de venta y servicio de calefactores y aparatos de aire acondicionado, y el marido de Myeko tenía un puesto de dulces y revistas cerca de la estación de trenes.

En mayo de cada año, por la época del cumpleaños del emperador, cuando los árboles de la Avenida de la Paz estaban en su momento más frondoso y las azaleas florecían por todas partes, Hiroshima celebraba un festival de flores. Había casetas de recreo que flanqueaban el bulevar, y largos desfiles con carrozas, bandas y miles de participantes. Cuarenta años después de la bomba, Nakamura-san bailó con las mujeres de la Asocia-

ción de Bailes Populares: había seis bailarinas en cada una de
las seis filas. Bailaron Oiwai-Ondo, una canción de felicidad,
levantando los brazos con gestos de alegría y aplaudiendo en rit-
mos de tres:

> Pinos verdes, grullas y tortugas...
> Debéis contar la historia de vuestros tiempos difíciles
> Y reír dos veces.

El bombardeo había ocurrido cuatro décadas atrás. ¡Qué leja-
no parecía!

El sol brillaba ese día. Medir los pasos y levantar los brazos
durante horas seguidas era agotador. A media tarde, Nakamura-san se sintió de repente atontada. Lo siguiente fue sentir que
la levantaban y la metían en una ambulancia, para su gran vergüenza y a pesar de sus ruegos por que la dejaran quieta. En el
hospital dijo que se encontraba bien; sólo quería volver a casa.
Así que la dejaron irse.

Doctor Terufumi Sasaki

Al doctor Terufumi Sasaki todavía lo atormentaban recuerdos de
los días y noches atroces que siguieron a la explosión: distanciarse
de ellos sería la labor de su vida. Aparte de sus tareas como
cirujano subalterno en el hospital de la Cruz Roja, ahora tenía
que acudir todos los jueves a la Universidad de Hiroshima, al otro
lado de la ciudad, para trabajar en su disertación doctoral sobre
la tuberculosis del apéndice. Como era costumbre en Japón, le
habían permitido comenzar prácticas tan pronto como se gra-
duara de la universidad. A la mayoría de los jóvenes internos,

obtener realmente su diploma doctoral les tomaba cinco años de estudio adicional; por varias razones, al doctor Sasaki le tomaría diez.

Durante ese año, el doctor había estado viajando al trabajo desde el pequeño pueblo de Mukaihara, donde vivía su madre, a una hora en tren de la ciudad. Su familia era adinerada; de hecho, a través de los años resultó (y ocurrió igual para muchos médicos japoneses) que la medicina más eficaz para cualquier enfermedad era el dinero en efectivo o el crédito, y entre más grande fuera la dosis, mejor el resultado. Su abuelo había sido terrateniente y había acumulado en las montañas amplias extensiones de tierra maderera muy valiosa. Su difunto padre, médico, había ganado buen dinero en una clínica privada. Durante los tiempos turbulentos de hambre y crimen que siguieron al bombardeo, unos ladrones habían conseguido entrar a dos depósitos tan sólidos como un fuerte que había junto a la casa de su madre, y se llevaron valiosas reliquias familiares, entre ellas una caja de laca que el padre había recibido del Emperador, un antiguo estuche para tinteros y pinceles de escritura, y una pintura clásica de un tigre que valía por sí sola diez millones de yenes, más de veinticinco mil dólares.

Su matrimonio funcionaba bien. Había tenido la oportunidad de escoger. No había en ese momento muchos solteros tan cotizados como él en Mukaihara; varios agentes matrimoniales lo habían tanteado, y él mismo había hecho algunas ofertas. El padre de una de las novias a quien se ofreció en matrimonio había recibido a su agente y lo había rechazado. Quizá debido a que el doctor Sasaki había tenido la reputación de haber sido en su juventud un chico malo, un "gato salvaje", según decían algunos; y el padre habría oído los rumores de que el doctor atendía ilegalmente a pacientes de Mukaihara después de sus horas de trabajo en el hospital de la Cruz Roja. Pero también era posible que el padre fuera demasiado cauteloso. De él se decía que no sólo seguía el refrán japonés "Revisa un puente viejo antes de cruzarlo", sino que tampoco cruzaba después de revisarlo. El doctor Sasaki no había experimentado nunca un rechazo semejante, y decidió entonces que ésta era la chica para él, y, con la ayuda de dos persistentes intermediarios, terminó por ganarse la confianza del receloso padre. Ahora, tras pocos meses de casado, se daba cuenta de que su esposa era más sabia y más sensata que él mismo.

Gran parte del trabajo que tuvo el doctor Sasaki en el hospital de la Cruz Roja en los cinco años siguientes consistió en eliminar las cicatrices queloides, tumores que causaban comezón, horribles, gruesos y viscosos, parecidos al caparazón de un cangrejo, que se formaban a menudo sobre las quemaduras graves de los hibakushas, y particularmente de quienes habían estado expuestos al calor de la bomba a menos de dos kilómetros del hipocentro. En la lucha con los queloides, el doctor Sasaki y sus colegas andaban un poco a ciegas, porque carecían de cualquier tipo de literatura fiable que les sirviera de guía. Encontraron que a menudo las cicatrices bulbosas se reproducían después de haber sido eliminadas. Si no se las trataba, algunas podían infectarse; otras hacían que los músculos subyacentes se tensaran. Finalmente, el doctor Sasaki y sus colegas hubieron de admitir que en muchos de los casos no hubieran debido operar. Con el tiempo las cicatrices tendían a encogerse espontáneamente, y entonces podían ser extirpadas con más facilidad o dejar que evolucionaran solas.

En 1951 el doctor Sasaki decidió dejar de trabajar en aquel hospital de malos recuerdos, y establecerse en una clínica privada en Mukaihara como lo había hecho su padre. Era un hombre ambicioso. Había tenido un hermano mayor del cual se esperaba que, según la costumbre de las familias de médicos en Japón, sucediera a su padre en la práctica; el segundo hijo tenía que abrirse su propio camino, y en 1939, llevado por la propaganda de la época a buscar fortuna en las zonas más vastas y atrasadas de China, Terufumi Sasaki había viajado y estudiado en la Universidad Japonesa Oriental de Medicina, en Tsingtao. Se graduó y regresó a Hiroshima poco antes de la bomba. Su hermano había muerto en la guerra, así que el camino estaba libre: no sólo para que el doctor Sasaki abriera un consultorio en la ciudad de su padre, sino para marcharse de Hiroshima y dejar de ser un hibakusha. Durante cuatro décadas no le habló a nadie acerca de las horas y los días que siguieron al bombardeo.

Su abuelo había depositado grandes sumas de dinero en el Banco de Hiroshima. El doctor Sasaki fue al banco con la seguridad de que le darían un buen préstamo para ayudarlo a empezar. Pero el banco dijo que una clínica en una ciudad tan pequeña podía fácilmente fracasar, y le dio un crédito máximo de trescientos mil yenes, menos de mil dólares de la época. Así que el doctor Sasaki comenzó a atender pacientes en casa de los padres de su esposa. Realizaba cirugías sencillas –apéndices, úlceras gástricas, fracturas múltiples– pero también practicaba, de forma algo arriesgada, cualquier otro tipo de medicina, excepto ginecología y obstetricia. Le fue sorprendentemente bien. Poco después venían a verlo casi cien pacientes por día. Algunos venían de muy lejos. El banco se percató de ello, y el límite del crédito se elevó a un millón de yenes.

En 1954, el doctor Sasaki construyó una clínica adecuada en el terreno de la familia de su esposa; era una estructura de dos

pisos con diecinueve camas para pacientes internos y una superficie total de doscientos ochenta esteras. Financió el edificio
mediante un préstamo bancario de trescientos mil yenes y mediante la venta de madera de las tierras heredadas de su abuelo. En
la nueva clínica, con la ayuda de un equipo de cinco enfermeras y tres aprendices en prácticas, y trabajando sin descanso seis
días a la semana de ocho y media de la mañana a seis de la tarde, el doctor Sasaki siguió prosperando.

Mucho antes de esto, los médicos de Hiroshima habían comenzado a percatarse de que el contacto con la bomba tenía consecuencias mucho más serias que las heridas traumáticas y las cicatrices queloides tan dramáticamente visibles en los primeros días.
Para muchos pacientes, los violentos síntomas de la radiotoxemia primaria cesaban con el tiempo, pero pronto fue claro que
los hibakushas eran vulnerables a secuelas mucho más peligro-
sas por las enormes dosis de radiación recibidas de la bomba.
Sobre todo fue evidente, hacia 1950, que la incidencia de leucemia en los hibakushas era mucho más alta de lo normal; entre
quienes habían estado expuestos a la bomba a menos de un kilómetro del hipocentro, se reportó que la incidencia era entre diez
y cincuenta veces superior a la norma. A través de los años, los
hibakushas empezaron a temer la aparición de "puntos violetas",
diminutas hemorragias superficiales sintomáticas de leucemia.
Y después otras formas de cáncer, distintas de la leucemia y con
períodos de latencia más largos, empezaron a revelarse a una
velocidad mayor que la normal: carcinomas de la tiroides, los
pulmones, los senos, las glándulas salivares, el estómago, el hígado, el tracto urinario y los órganos reproductivos, tanto del hombre como de la mujer. Algunos supervivientes −niños inclui-

dos– desarrollaban lo que se llamó cataratas de la bomba atómica. Algunos niños afectados por la bomba crecían raquíticos,
y uno de los descubrimientos más terribles fue que algunos de los
niños que habían estado en el vientre de sus madres al momento de la bomba nacían con cabezas más pequeñas de lo normal.
Puesto que se sabía que la radiación afectaba los genes de ani-
males de laboratorio, se esparció entre los hibakushas el temor
de que descendientes futuros de los supervivientes pudieran ser
objeto de mutaciones. (Fue preciso esperar hasta finales de los
años sesenta para que los análisis demostraran aberraciones del
cromosoma de los supervivientes de Hiroshima y Nagasaki, y
sería preciso esperar aún más para saber qué efectos, si los hubiera, sufriría su progenie.) Hubo varias enfermedades –menos mortales que los cánceres– que según muchos doctores eran el resultado del contacto con la bomba: varios tipos de anemia, mal
funcionamiento del hígado, problemas sexuales, desórdenes endo-
crinológicos, envejecimiento acelerado y la debilidad pero que-
no-llegaba-a-ser-enfermedad de la cual muchos se quejaban.

El doctor Sasaki, que salvo esta última debilidad no había sufrido problema alguno, se ocupó poco o nada de aquellas revela-
ciones. No les seguía la pista en los periódicos médicos. En su
pueblo de las montañas, trató a muy pocos hibakushas. Vivía
encerrado en el presente del indicativo.

En 1963, con la intención de enterarse de los últimos avances
en el campo de la anestesia, el doctor Sasaki fue al hospital de
la Cruz Roja de Yokohama para aprender de su director general, el doctor Tatsutaro Hattori. En tanto que jefe de cirugía del
hospital de Hiroshima, el doctor Hattori había sido superior del
doctor Sasaki, había enfermado de radiotoxemia después de la

bomba y se había mudado a Yokohama. El doctor Hattori sugirió que, ya que se encontraba allí, el doctor Sasaki se sometiera a un examen médico riguroso, aprovechando el avanzado equipo médico del hospital. El doctor Sasaki estuvo de acuerdo. Una tomografía de su pecho reveló una sombra en el pulmón izquierdo. El doctor Sasaki era fumador. Sin entrar en los descubrimientos acerca de la incidencia de cáncer de pulmón en los hibakushas (suponiendo quizá que el doctor Sasaki lo sabía todo al respecto), el doctor Hattari recomendó una biopsia. Se llevó a cabo, y cuando el doctor Sasaki salió de la anestesia vio que su pulmón izquierdo había sido extirpado entero.

Pocas horas después de la operación, la ligadura de uno de los vasos sanguíneos en la cavidad pulmonar reventó, y el doctor Sasaki sufrió hemorragias severas durante casi una semana. Hacia el final de ese tiempo, puesto que continuaba tosiendo sangre y debilitándose de forma preocupante, se reunió a su alrededor lo que al doctor le parecía ser un cortejo de muerte: su esposa, el doctor Hattori, la matrona del hospital y varias enfermeras. Les agradeció, le dijo adiós a su esposa, y murió.

O, mejor, pensó que moría. Poco tiempo después, recuperó la conciencia y empezó a mejorar poco a poco.

Años después, el doctor Sasaki concluyó que aquélla era la experiencia más importante de su vida —más importante que el bombardeo—. Obsesionado por la soledad que había sentido cuando creyó que moría, ahora se esforzaba todo lo posible para acercarse a su esposa y a sus hijos —dos varones y dos mujeres—. Una tía lo asustó un día diciéndole: "Tienes suerte, Terufumi. Después de todo, *i wa jinjutsu*: la medicina es el arte de la compasión". No había meditado nunca acerca del significado de este refrán, transmitido a los jóvenes japoneses que se preparan para ser médicos. El doctor tomó entonces la decisión de guardar la calma y la compostura, y hacer siempre todo lo posible por un paciente. Trataría de ser amable con gente a la cual detestaba. Abandonaría la caza y el mah-jongg. Su esposa le decía: "Has llegado a la madurez a los cuarenta. Yo lo hice a los veinte".

El doctor Sasaki no dejó de fumar.

En 1972, la mujer del doctor Sasaki murió de cáncer de seno: fue la tercera crisis de su vida. Descubrió entonces un nuevo tipo de soledad relacionado con la muerte, permanente e intenso. Se consagró a su trabajo con más energía que nunca.

La muerte de su esposa y su propia agonía, junto a la revelación de que ya no era joven, lo hicieron comenzar a preocuparse por los ancianos, y decidió construir una clínica mucho más grande en la cual practicaría medicina geriátrica. Esta rama del arte de la compasión atraía a algunos de los más hábiles doctores japoneses, y daba la casualidad de que estaba volviéndose extremadamente lucrativa. Como se lo explicó a algunos amigos, que se rieron ante lo que consideraron ambición excesiva, todo el mundo tenía dolores y achaques después de los sesenta, todo el mundo a esa edad necesitaba masajes, terapia de calor, acupuntura, moxa y el apoyo de un médico amable. Vendrían en bandadas.

Para 1977, el crédito del doctor Sasaki frente al Banco de Hiroshima se había disparado: el último préstamo había sido de diecinueve millones de yenes, o cerca de ochenta mil dólares. Con este dinero construyó, sobre terrenos de las afueras, un imponente edificio de cemento de cuatro pisos, con diecinueve camas para pacientes internos y amplios servicios de rehabilitación, y también con un espléndido apartamento para él mismo. Contrató

a un equipo de tres acupunturistas, tres terapeutas, ocho enfermeras y quince paramédicos, además de personal de mantenimiento. Sus dos hijos, Yoshihisa y Ryuji, que para entonces ya
eran médicos, venían a ayudarlo en épocas especialmente ata-
readas.

Tenía razón acerca de las bandadas. De nuevo se encontró
trabajando de ocho a seis, seis días a la semana, y recibía un
promedio de doscientos cincuenta pacientes al día. Algunos venían de ciudades tan alejadas como Kure, Ondo y Akitsu, sobre
la costa, y otros de pueblos de toda la prefectura. Aprovechando las gigantescas deducciones fiscales que podían reclamar los
doctores japoneses, ahorró grandes sumas de dinero, y a medida que devolvía los préstamos el banco levantaba aún más el límite de su crédito. Tuvo la idea de construir un hogar de ancianos
que costaría dos millones de yenes. Sería necesario obtener la
aprobación de la Asociación Médica del Condado de Takata. Presentó los planes. Fue rechazado. Poco después, un importante
miembro de la asociación construyó, en la ciudad de Yoshida, un
hogar exactamente como el propuesto por el doctor Sasaki.

Impertérrito, consciente de que para sus pacientes ancianos los
tres placeres principales eran las visitas familiares, la buena comida y los turnos generosos en el baño, el doctor Sasaki utilizó los
préstamos del banco para construir, en el lugar de su antigua
clínica, una lujosa casa de baños, aparentemente para uso de
los pacientes, pero abierta también a los habitantes del pueblo,
a quienes se cobraba más del costo habitual de una casa de baños
pública; sus albercas, después de todo, eran de mármol. El doctor Sasaki gastaba medio millón de yenes al mes (deducibles)
en el mantenimiento del lugar.

Cada mañana, el doctor se reunía con el personal entero de
la clínica. Tenía un sermón favorito: no trabajes principalmente

por dinero; primero cumple tu deber con los pacientes, y deja que el dinero venga después; la vida es corta, no se vive dos veces; el torbellino engulle las hojas y las hace girar, pero luego las deja caer, y las hojas se apilan unas sobre otras.

La pila del doctor Sasaki crecía y crecía. Su vida estaba asegurada en cien millones de yenes; tenía un seguro contra negligencia profesional por trescientos millones. Conducía un BMW blanco. Sobre los muebles de su salón había jarrones extraordinarios. A pesar de las enormes deducciones fiscales otorgadas a los doctores japoneses, el doctor había llegado a pagar el impuesto a la renta más alto del condado de Takata (de treinta y siete mil habitantes), y sus impuestos estaban entre los más elevados de toda la prefectura de Hiroshima (doce ciudades y sesenta y ocho pueblos en quince condados; dos millones setecientos mil habitantes).

Tuvo una nueva idea. Perforaría el terreno junto a la clínica en busca de agua caliente para llenar aguas termales. Contrató a la Compañía de Ingeniería Geológica de Tokio para realizar un estudio, y le aseguraron que si perforaba a una profundidad de ochocientos metros, obtendría de sesenta a cien litros de agua por minuto, a una temperatura entre 26 y 30 grados. Tuvo visiones de balnearios de aguas termales; calculó que podría suministrar agua para las termas de tres hoteles. Comenzó en junio de 1985.

El doctor Sasaki empezó a ser considerado raro por los doctores de Hiroshima. A diferencia de ellos, no se sentía atraído por la exclusiva sociedad de las asociaciones médicas. En cambio le gustaban cosas como patrocinar un concurso de *gateball*, una variante primitiva del croquet; con frecuencia llevaba una corbata –que le había costado cinco mil yenes, o veinte dólares– con la palabra *Gateball* bordada en caracteres ingleses. Su principal

satisfacción, aparte de su trabajo, era hacer un viaje ocasional a
Hiroshima para comer comida china en el sótano del Gran Hotel,
y encender, al final de la comida, un cigarro de la marca Mild
Seven, en cuyo paquete, junto al nombre en inglés, se leía esa
amable admonición japonesa: "Cuidemos de no fumar demasiado, por el bien de nuestra salud".

Ahora podía enfrentarse a Hiroshima, porque un fénix cha-
bacano se había levantado del ruinoso desierto de 1945: una
ciudad sorprendentemente bella de más de un millón de habitantes —de los cuales sólo uno de cada diez era hibakusha— con
edificios altos y modernos sobre avenidas anchas, flanqueadas
por árboles y repletas de coches japoneses que parecían nuevos
y llevaban letras inglesas; una ciudad de sibaritas y gente esfor-
zada, con setecientas cincuenta y tres librerías y dos mil trescientos
cincuenta y seis bares. Aunque las memorias del pasado regresaban de vez en cuando, el doctor Sasaki había llegado a ser capaz
de vivir con un amargo arrepentimiento: que durante los primeros días después de la bomba no hubiera sido posible, más allá
de cierto punto, establecer, entre los destrozos del hospital de la
Cruz Roja, la identidad de aquellos cuyos cuerpos fueron lleva-
dos a cremaciones masivas, con el resultado de que almas anó-
nimas podrían estar aún flotando por ahí, después de todos estos
años, desatendidas e insatisfechas.

Padre Wilhelm Kleinsorge

De vuelta por segunda vez en el hospital de Tokio, el padre Wilhelm Kleinsorge sufría fiebres y diarrea, heridas que no sanaban,
recuentos sanguíneos terriblemente fluctuantes y agotamiento absoluto. Durante el resto de su vida el padre sería el caso clásico de

esa forma vaga y fronteriza de radiotoxemia en la cual el cuerpo de la persona desarrollaba un amplio repertorio de síntomas, pocos de los cuales podían ser atribuidos a la radiación, pero muchos de los cuales aparecían en los hibakushas, en combinaciones y grados diversos, con tanta frecuencia como para que algunos de los doctores y todos los pacientes culparan a la bomba.

El padre Kleinsorge vivió esta vida miserable con un ánimo extraordinariamente desinteresado. Tras darse de alta en el hospital, regresó a la diminuta capilla de Noborimachi, la misma que había ayudado a construir, y allí continuó con su abnegada vida de pastor.

En 1948 fue nombrado sacerdote de la iglesia Misasa, una iglesia mucho más grande de otra parte de la ciudad. No había aún demasiados edificios altos, y la iglesia era conocida por los vecinos como el Palacio Misasa. Un convento de Ayudantes de Santas Almas existía adjunto a la iglesia, y aparte de su tarea sacerdotal de dar la misa, escuchar las confesiones y enseñar la Biblia, el padre organizaba retiros de ochenta días para novicias y hermanas del convento durante los cuales las mujeres recibían del padre la comunión y las instrucciones para el día a día, y guardaban silencio. El padre Kleinsorge visitaba todavía a Sasaki-san y a otros hibakushas que se encontraban heridos o enfermos, e incluso hacía de niñero para madres jóvenes. Iba con frecuencia al sanatorio de Saijyo, a una hora en tren de la ciudad, para consolar a pacientes tuberculosos.

El padre Kleinsorge fue hospitalizado brevemente dos veces más, en Tokio. Sus colegas jesuitas alemanes opinaban que en su trabajo se preocupaba demasiado por los demás y no lo suficiente por sí mismo. Más allá de su obstinado sentido de la misión, había adoptado para sí mismo el espíritu japonés de *enryo*: olvidarse de sí mismo, poner a los demás en primer lugar. Sus colegas pensaban que literalmente moriría de compasión por los demás; decían que era demasiado *rücksichtsvoll*: demasiado atento. Cuando le llegaban de Alemania comidas finas como obsequio, las regalaba todas. Cuando consiguió que un doctor de la Ocupación le diera penicilina, se la dio a parroquianos que se encontraban tan enfermos como él. (Entre sus muchos achaques, el padre tenía sífilis; aparentemente se la habían contagiado en una transfusión, durante alguna de sus hospitalizaciones; acabó por curarse.) Enseñaba el catecismo aunque tuviera una fiebre alta. Tras regresar de una larga excursión de visitas sacerdotales, el ama de llaves de Misasa solía verlo derrumbarse, cabizbajo, en las escaleras de la rectoría, la encarnación de la derrota. Y al día siguiente estaba de vuelta en la calle.

Poco a poco, a través de años de trabajo sin descanso, recogió su modesta cosecha: unos cuatrocientos bautismos, unos cuarenta matrimonios.

El padre Kleinsorge amaba a los japoneses y sus costumbres. Uno de sus colegas alemanes, el padre Berzikofer, decía en broma que el padre Kleinsorge estaba casado con Japón. Poco después de mudarse a la iglesia de Misasa, el padre leyó que una nueva ley de naturalización había sido promulgada por el Diet con estos requisitos: que uno hubiera vivido cinco años en Japón, fuera mayor de veinte años y mentalmente sano, de buen carácter, capaz de la propia manutención y dispuesto a aceptar una única nacionalidad. Se dio prisa en presentar pruebas de que cumplía con todo ello, y después de algunos meses de consideración, fue aceptado. Se registró como ciudadano japonés bajo el nombre que llevaría de ese momento en adelante: padre Makoto Takakura.

Durante algunos meses de primavera y verano de 1956, mientras su salud declinaba más todavía, el padre Takakura cubrió una ausencia temporal en una pequeña parroquia del distrito Noborimachi. Cinco años antes el reverendo Kiyoshi Tanimoto, a quien el padre Takakura conocía bien, había comenzado a enseñar la Biblia a un grupo de chicas cuyas caras habían sido desfiguradas por los queloides. Más tarde algunas de ellas fueron llevadas a los Estados Unidos –las llamadas Doncellas de Hiroshima– para ser sometidas a cirugía estética. Una de ellas, Tomoko Nabakayashi, a quien el padre Takakura había convertido y bautizado, murió en la mesa de operaciones del Hospital Mount Sinai de Nueva York. Sus cenizas fueron llevadas a su familia cuando el primer grupo de doncellas regresó a Hiroshima en el verano de 1956, y le correspondió al padre Takakura presidir el funeral, durante el cual estuvo a punto de desmayarse.

En Noborimachi comenzó a educar a las mujeres –la madre y dos hijas– de una familia culta y adinerada de nombre Naganishi. Iba cada tarde a verlas, con o sin fiebre, siempre a pie. Algunas veces llegaba antes de la hora; recorría de arriba abajo la calle, y tocaba el timbre a las siete en punto. Se miraba en el espejo del zaguán, se atusaba el pelo y el hábito, y entraba al salón. Daba una hora de clases; entonces los Naganishi servían té y dulces, y el padre y las mujeres conversaban hasta las diez en punto. El padre se sentía como en casa en ese lugar. La hija más joven, Hisako, sentía devoción por él, y dieciocho meses después, cuando los síntomas del padre se agravaron tanto que iba a ser necesario hospitalizarlo, ella le pidió que la bautizara, y él lo hizo el día antes de entrar al hospital de la Cruz Roja de Hiroshima, donde se quedaría un año entero.

Su achaque más molesto era una rara infección en los dedos,
que se habían hinchado de pus y se negaban a mejorar. Tenía
fiebre y síntomas de gripe. Su recuento de glóbulos blancos era
alarmantemente bajo, y le dolían las rodillas, en particular la
izquierda, igual que otras articulaciones. Le operaron los dedos
y sanó poco a poco. Recibió tratamiento para la leucopenia. Antes
de ser dado de alta, un oftalmólogo se percató de que el padre
tenía principio de cataratas asociadas a la bomba atómica.

El padre regresó a la gran congregación de Misasa, pero le resultó más y más difícil soportar el tipo de sobrecarga que le gustaba. Empezó a tener dolores de espalda causados, según los
doctores, por cálculos en los riñones; no les prestó atención.
Abrumado por el constante dolor y las infecciones instigadas por
su escasez de glóbulos blancos, pasaba los días cojeando, esfor-
zándose más allá de sus capacidades.

Finalmente, en 1960, la diócesis decidió misericordiosamente
jubilarlo y lo envió a una iglesia diminuta en el pueblo campes-
tre de Mukaihara: el pueblo en el cual prosperaba el doctor Sasaki con su clínica privada.

El complejo de la iglesia de Mukaihara quedaba sobre la cresta
de una pendiente que se empinaba desde el pueblo, y comprendía
una pequeña capilla con una tabla de roble como altar y con espacio para un grupo de veinte parroquianos arrodillados al estilo
japonés sobre tatamis; y, arriba de la colina, una parroquia estre-
cha. El padre Takakuta tomó por dormitorio una habitación de
mucho menos de dos metros cuadrados y tan desnuda como la
celda de un monje; comía junto a ésta, en otra celda similar; y
la cocina y el baño, al fondo, eran cuartos oscuros, fríos, tristes,
no más grandes que los otros. Cruzando un estrecho corredor que

recorría el edificio había una oficina y una habitación más amplia, la cual el padre Takakura, fiel a su naturaleza, reservaba para los invitados.

Cuando llegó la primera vez, se sentía emprendedor, y, bajo el principio de que las almas se conquistan mejor cuando no están maduras, hizo que unos albañiles le añadieran dos habitaciones más a la capilla y en ellas abrió lo que llamaba el Jardín de Infancia de Santa María. Así comenzó una vida desoladora para cuatro católicos: el padre, dos hermanas japonesas que se encargaban de la enseñanza de los bebés y una japonesa que cocinaba para ellos. Pocos creyentes venían a la iglesia. La parroquia consistía de cuatro familias previamente convertidas: unos diez feligreses en total. Había domingos en que nadie venía a misa.

Tras la primera racha, la energía del padre Takakura flaqueó rápidamente. Una vez por semana tomaba el tren a Hiroshima e iba al hospital de la Cruz Roja para hacerse un chequeo. En la estación de Hiroshima recogía lo que más le gustaba leer mientras viajaba: los horarios de los trenes que iban por toda la isla Honshu. Los doctores le inyectaban esteroides en sus doloridas articulaciones y trataban sus síntomas crónicos, parecidos a los de la gripe, y en una ocasión dijo haber encontrado rastros de sangre en su ropa interior, que, supusieron los doctores, venía de nuevos cálculos renales.

En el pueblo de Mukaihara trató de ser tan discreto –tan japonés– como podía. Algunas veces vestía ropas japonesas. Por no dar una impresión de buena vida, nunca compraba carne en el supermercado, pero algunas veces la sacaba de la ciudad de contrabando. El padre Hasegawa, un sacerdote japonés que venía a verlo ocasionalmente, admiraba su esfuerzo por naturalizarse hasta la perfección, pero lo encontraba de muchas formas inevitablemente alemán. Cuando una de sus empresas era rechaza-

da, el padre Takakura tenía tendencia a perseguirla tercamente
y con más fuerzas, mientras que un japonés, con más tacto, bus-
caría otra forma de conseguirla. El padre Hasegawa se percató
de que cuando el padre Takakura estaba hospitalizado, respeta-
ba con rigidez las horas de visita del hospital, y si acudía gente
a verlo fuera de esas horas, aunque viniesen de muy lejos, se nega-
ba a recibirlos. Cierta vez, comiendo con su amigo, el padre Hasegawa declinó el plato de arroz que le ofrecía, diciendo que
estaba satisfecho. Pero entonces aparecieron unos apetitosos
encurtidos ante los cuales un paladar japonés pedía a gritos un
poco de arroz, y el padre Hasegawa decidió servirse un plato,
después de todo. El padre Takakura se mostró indignado (desde el punto de vista del huésped, se mostró como un alemán):
¿Cómo podía comer arroz y además pepinillos cuando se había
sentido demasiado lleno para comer solamente arroz?

Durante este período, el padre Takakura fue una de las muchas
personas entrevistadas por el doctor Robert J. Lifton como parte de la preparación para escribir su libro *Death in Life: Survivors
of Hiroshima*. En una conversación, el sacerdote apuntó que se
sentía más real como hibakusha que japonés:

> Si una persona me dice que se siente agotada [*darui*],
> me da una sensación distinta si se trata de un hibakusha
> que si se trata de una persona ordinaria. No tiene que dar
> explicaciones... Lo sabe todo acerca del desasosiego –la
> tentación de perder el ánimo y sentirse deprimido– y acer-
> ca de comenzar de nuevo y ver si logra llevar a cabo su
> trabajo... Si un japonés escucha las palabras "*tenno heika*"
> [Su Majestad el Emperador], es diferente que si las escu-

cha un occidental: en el corazón del extranjero hay un sentimiento muy distinto del que hay en el corazón del japonés. Sucede igual en el caso de alguien que es una víctima y alguien que no lo es, cuando oyen hablar de otra víctima... Una vez conocí a un hombre... [que] dijo: "Yo viví la bomba atómica". Y a partir de entonces la conversación cambió. Ambos comprendimos los sentimientos del otro. No había que decir nada.

En 1966, el padre Takakura tuvo que cambiar de cocinera. Una mujer llamada Satsue Yoshiki, de treinta y cinco años, recientemente curada de tuberculosis y recientemente bautizada, había recibido la orden de presentarse para una entrevista en la iglesia de Mukaihara. La sorprendió, puesto que le habían dado el nombre japonés del sacerdote, encontrarse con este gran *gaijin*, este extranjero, vestido con una bata japonesa acolchada. Su cara, redonda e hinchada (sin duda a causa de las medicinas), le pareció la cara de un bebé. De inmediato comenzó una relación que llegaría a ser de confianza mutua y total, en la cual su papel era algo ambiguo: en parte hija, en parte madre. La creciente invalidez del padre Takakura la mantenía subyugada; ella lo atendía con ternura. La cocina de ella era primitiva; el temperamento de él, caprichoso. Él se decía capaz de comer cualquier cosa, incluso fideos japoneses; pero, en lo tocante a la comida de ella, se portaba con más dureza de la que nunca había empleado con alguien. Una vez le habló del "puré de patatas" que su verdadera madre solía hacer. Ella trató de hacerlo. "Esto no es como lo que hacía mamá", dijo él. Le gustaban los langostinos fritos y solía comerlos cuando iba a Hiroshima para los chequeos. Ella trató de cocinarlos. "Están quemados", dijo él. Ella se quedaba de pie junto a él en el minúsculo comedor, y las manos detrás de su espalda apretaban la jamba de la puerta con tanta fuerza que poco a poco la pintura fue gastándose. Y sin embargo él se deshacía en elogios con ella, le confiaba sus problemas, bromeaba con ella, se disculpaba cada vez que se ponía de mal humor. A ella, él le parecía —bajo la brusquedad, que atribuía al dolor— amable, puro, paciente, dulce, divertido y profundamente bueno.

Una vez, un día de finales de primavera, poco después de que Yoshiki-san llegara, un grupo de gorriones se posó sobre un caqui justo frente a la ventana de la oficina. El padre Takakura aplaudió para espantarlos, y pronto aparecieron en sus palmas puntos violetas del tipo tan temido por los hibakushas. Los doctores de Hiroshima se mostraron impotentes. ¿Quién podía saber de qué se trataba? Parecían moretones, pero los exámenes de sangre no revelaban leucemia. El padre tenía leves hemorragias en el tracto urinario. "¿Y si tengo un derrame cerebral?", dijo una vez. Todavía le dolían las articulaciones. Desarrolló disfunciones hepáticas, presión alta, dolores de pecho y espalda. Un electrocardiograma dio resultados anormales. El padre comenzó a tomar un medicamento para prevenir un ataque al corazón y otra contra la hipertensión. Tomaba esteroides, hormonas y medicinas para prevenir la diabetes. "No tomo medicinas, me alimento de ellas", le dijo a Yoshiki-san. En 1971, fue hospitalizado para una operación que determinaría si su hígado estaba canceroso. No lo estaba.

Durante este tiempo de deterioro vino a verlo un torrente de visitantes que le agradecían las cosas que había hecho por ellos en el pasado. Hisako Naganishi, la mujer a la que había bautizado el día antes de su larga hospitalización, era particularmente devota; le traía emparedados de pan de centeno alemán, que tanto le gustaban, y cuando Yoshiki-san necesitaba vacaciones,

ella se mudaba al hospital para atenderlo durante su ausencia.
El padre Berzikofer solía venir por temporadas cortas, y juntos
hablaban y bebían buenas cantidades de ginebra, que tanto le
gustaban también.

Un día de invierno a comienzos de 1976, el padre Takakura res-
baló y cayó sobre el sendero empinado y cubierto de hielo que
bajaba al pueblo. A la mañana siguiente, Yoshiki-san lo escuchó
llamarla a gritos. Lo encontró en el baño, apoyado en el lava-
manos, incapaz de moverse. Con toda la fuerza de su amor, lo
llevó cargado —el padre pesaba setenta y nueve kilos— hasta la
cama. Durante un mes fue incapaz de moverse. Ella improvisó
una bacinilla, y lo cuidó día y noche. Finalmente tomó prestada
una silla de ruedas del Ayuntamiento y lo llevó a la clínica del
doctor Sasaki. Los dos hombres se habían conocido años atrás,
pero ahora, el uno viviendo en su celda monacal y el otro en el
lujoso apartamento de su clínica de cuatro pisos, era como si años
luz los separaran. El doctor Sasaki tomó unas radiografías, no vio
nada, diagnosticó una neuralgia y aconsejó masajes. El padre
Takakura no podía soportar la idea de que le diera masaje una
mujer; se contrató un hombre. Durante los ejercicios, el padre
Takakura sostenía la mano de Yoshiki-san, y su rostro enrojecía.
El dolor era insoportable. Yoshiki-san alquiló un coche y llevó
al padre Takakura a la ciudad, al hospital de la Cruz Roja. En
radiografías realizadas por una máquina más potente aparecieron fracturas en la undécima y duodécima vértebras torácicas. El
padre fue operado para disminuir la presión sobre el nervio ciá-
tico derecho, y se le puso un corsé.

Desde entonces se vio postrado en cama. Yoshiki-san le daba de
comer, le cambiaba los pañales hechos por ella misma, lo lavaba.

El padre leía la Biblia y también horarios de trenes —los dos únicos textos, le dijo a Yoshiki-san, que nunca mentían—. Podía decirle a uno qué tren tomar para ir a un sitio, el precio de la comida
en el vagón comedor, y cómo cambiar de tren en tal estación para
ahorrar trescientos yenes. Un día llamó a Yoshiki-san, muy excita-
do. Había encontrado un error. ¡Sólo la Biblia decía la verdad!

Sus compañeros de sacerdocio lo persuadieron finalmente de
ir al Hospital de San Lucas, en Kobe. Yoshiki-san lo visitó, y él
sacó de entre las páginas de un libro su gráfico médico, en el cual
se leía "Un cadáver viviente". Dijo que quería volver con ella a
casa, y ella se lo llevó. "Gracias a ti, mi alma ha superado el
purgatorio", le dijo al llegar a su cama.

Se puso débil, y sus compañeros lo trasladaron a una casa de
dos habitaciones justo debajo del noviciado, en Nagatsuka. Yoshiki-san le dijo que quería dormir con él en su habitación. No,
dijo él, sus votos no lo permitirían. Ella mintió diciendo que el
padre superior lo había ordenado; más tranquilo, él aceptó. Después de aquello, apenas abría los ojos. Ella no le daba de comer
más que helado. Cuando venían a visitarlo, todo lo que lograba
decir era "gracias". Entró en coma, y el 19 de noviembre de
1977, acompañado de un doctor, un sacerdote y Yoshiki-san, este
hombre afectado por la explosión inspiró profundamente y murió.

Fue enterrado en un apacible pinar en la cima de la colina,
sobre el noviciado.

PADRE WILHELM M. TAKAKURA, S.J.
Q.E.P.D.

Los padres y los hermanos del noviciado de Nagatsuka notaron, a través de los años, que casi siempre había flores frescas
en la tumba.

Toshiko Sasaki

En agosto de 1946, Toshiko Sasaki comenzaba lentamente a salir del suplicio de dolor y depresión en que se había visto sumida durante el año siguiente a la bomba. Su hermano menor, Yasuo, y su hermana, Yaeko, habían salido indemnes el día de la explosión porque se encontraban en la casa de la familia, en el suburbio de Koi. Ahora, viviendo con ellos, justo cuando comenzaba a sentirse viva otra vez, la sacudió un nuevo golpe.

Tres años atrás, sus padres habían entrado en negociaciones matrimoniales con otra familia, y la señorita Sasaki había conocido al joven que le proponían. Los jóvenes se gustaron mutuamente y decidieron aceptar el arreglo. Alquilaron una casa para vivir, pero el novio de Toshiko fue llamado a filas y repentinamente enviado a China. Ella había sabido de su regreso, pero pasó largo tiempo antes de que él fuera a verla. Cuando al fin lo hizo, era evidente para ambas partes que el compromiso estaba condenado al fracaso. Cada vez que aparecía el novio, el pequeño Yasuo, de quien Toshiko se sentía responsable, escapaba iracundo de la casa. Había indicios de que la familia del novio no estaba tan convencida de querer que su hijo se casara con una mujer hibakusha e inválida. El novio dejó de venir. Escribió cartas llenas de imágenes abstractas y simbólicas —en especial mariposas—, tratando, evidentemente, de expresar su agitada incertidumbre y, quizá, su culpa.

La única persona capaz de reconfortar realmente a Toshiko fue el padre Kleinsorge, que siguió visitándola en Koi. El padre estaba claramente dispuesto a convertirla. La confiada lógica de sus lecciones no logró convencerla demasiado, pues ella no podía aceptar la idea de que un Dios que le había quitado a sus padres y la había hecho pasar por pruebas tan horribles fuera un Dios de amor y de misericordia. Sin embargo, sentía que la fidelidad cariñosa del padre la curaba, pues era evidente que también él estaba débil y dolorido, y aun así caminaba grandes distancias para ir a verla.

Su casa daba a un precipicio en el cual había un bosquecillo de bambú. Una mañana salió de casa, y la visión de los rayos del sol, reflejándose en las hojas de los árboles como un arco iris, le quitó el aliento. Sintió un sorprendente estallido de alegría —el primero que había experimentado desde que tenía memoria—. Se oyó a sí misma recitando el padre nuestro.

En septiembre fue bautizada. El padre Kleinsorge se encontraba en el hospital en Tokio, así que fue el padre Cieslik quien llevó a cabo los oficios.

Sasaki-san tenía algunos ahorros modestos que le habían dejado sus padres, y comenzó a coser para mantener a Yasuo y a Yaeko, pero le preocupaba el futuro. Aprendió a caminar sin muletas. Un día del verano de 1957 llevó a sus dos hermanos a nadar a una playa cercana de Suginoura. Allí comenzó a conversar con un joven coreano, un novicio católico que cuidaba a un grupo de niños de la escuela dominical. Después de un rato, el joven le dijo que no comprendía cómo era ella capaz de continuar viviendo así, tan frágil y con la responsabilidad de sus hermanos. Le contó de un buen orfanato de Hiroshima llamado El Jardín de la Luz. Ella ingresó a los niños al orfanato, y poco tiempo después solicitó allí mismo un empleo como auxiliar. Fue contratada, y a partir de entonces tuvo la satisfacción de estar con Yasuo y Yaeko.

Era buena en su trabajo. Parecía haber encontrado su vocación, y al año siguiente, convencida de que sus hermanos estaban en buenas manos, aceptó ser transferida a otro orfanato, llamado

Dormitorio del Crisantemo Blanco, en un suburbio de Beppu, en la isla de Kyushu, donde podría recibir formación profesional como niñera. En el verano de 1949, comenzó a hacer trayectos de media hora en tren hasta la ciudad de Oita para tomar clases en la Universidad de Oita, y en septiembre hizo los exámenes que la acreditaban como profesora de guardería. Trabajó seis años en el Crisantemo Blanco.

La parte inferior de su pierna izquierda estaba gravemente arqueada, su rodilla paralizada y su muslo atrofiado por las profundas incisiones que el doctor Sasaki había hecho. Las Hermanas responsables del orfanato se encargaron de que la señorita Sasaki fuera admitida para cirugía ortopédica en el Hospital Nacional de Beppu. Estuvo interna en el hospital catorce meses durante los cuales fue sometida a tres operaciones de importancia: la primera, no muy exitosa, para restablecer su muslo; la segunda para liberar el movimiento de su rodilla; y la tercera para romper de nuevo la tibia y el peroné y devolverlos a su posición original. Después de la hospitalización, la señorita Sasaki fue a rehabilitación a un centro terapéutico de aguas termales cerca de allí. La pierna le dolería por el resto de su vida, y nunca más podría doblar por completo la rodilla, pero sus piernas tenían ahora más o menos la misma longitud, y su caminar era casi normal. La señorita Sasaki regresó al trabajo.

El Crisantemo Blanco, que tenía espacio para cuarenta huérfanos, estaba ubicado cerca de una base militar norteamericana; de un lado había un campo de prácticas para los soldados, y del otro estaban las casas de los oficiales. Cuando comenzó la guerra de Corea, la base y el orfanato se llenaron de gente. De vez en cuando una mujer traía a un niño cuyo padre era un soldado norteamericano, sin decir que ella era la madre, sino alegando que una amiga le había pedido que recomendara al niño al orfanato. En las noches venían a menudo soldados nerviosos, unos blancos, otros negros, que salían sin permiso de la base para ver a sus hijos. Querían ver las caras de los bebés. Algunos perseguían a las madres y se casaban con ellas, aunque quizá nunca volvieran a ver a los hijos.

Sasaki-san se compadecía de las madres, algunas de las cuales eran prostitutas, tanto como de los padres. Le parecía que éstos no eran más que muchachos confundidos, de diecinueve o veinte años, que estaban involucrados como reclutas en una guerra que no consideraban suya, y que sentían una responsabilidad rudimentaria –o una culpa, al menos– como padres. Estos pensamientos la llevaron a una opinión que no era propia de un hibakusha: demasiada atención se le prestaba a la bomba atómica, y no la suficiente a la crueldad de la guerra. Según su amarga opinión, eran los políticos hambrientos de poder y los hibakushas menos afectados quienes se concentraban tanto en la bomba, y nadie pensaba demasiado en el hecho de que la guerra había transformado en víctimas, indiscriminadamente, a los japoneses que sufrieron bombardeos atómicos o incendiarios, a los civiles chinos que fueron atacados por los japoneses, a los jóvenes soldados, japoneses y norteamericanos, que fueron reclutados a pesar de su renuencia para acabar mutilados o muertos, y, por supuesto, a las prostitutas japonesas y sus bebés mestizos. Sasaki-san había conocido de primera mano la crueldad de la bomba atómica, pero sentía que debía prestarse más atención a las causas de la guerra, y menos a sus instrumentos.

Durante ese tiempo Sasaki-san viajaba de Kyushu a Hiroshima una vez al año para ver a sus hermanos menores, y para visitar al padre Kleinsorge, ahora Takakura, en la iglesia de Misasa.

En uno de sus viajes vio a su antiguo prometido por la calle, y estaba segura de que también él la había visto, pero no se hablaron. El padre Takakura le preguntó: "¿Te vas a pasar toda la vida así, trabajando tan duro? ¿No deberías casarte? O, si decides no casarte, ¿no deberías hacerte monja?". Ella meditó largo tiempo sobre estas preguntas.

Un día, en el Crisantemo Blanco, recibió un mensaje urgente: su hermano había sufrido un accidente automovilístico y era posible que no sobreviviera. Viajó deprisa a Hiroshima. El coche de Yasuo había sido chocado por una patrulla policial; la culpa era del policía. Yasuo sobrevivió, pero tenía cuatro costillas y ambas piernas rotas, la nariz aplastada, una abolladura permanente en la frente, y había perdido la vista de un ojo. Sasaki-san pensó que tendría que atenderlo y mantenerlo para siempre. Comenzó a tomar cursos de contabilidad, y después de algunas semanas se tituló como contable de tercera clase. Pero Yasuo se recuperó de manera extraordinaria, y, con la indemnización que le pagaron por el accidente, se inscribió en una escuela de música para estudiar composición. Sasaki-san regresó al orfanato.

En 1954 Sasaki-san visitó al padre Takakura y le dijo que ahora estaba segura de que no se casaría nunca, y pensaba que era tiempo de entrar en un convento. ¿Qué convento le recomendaba él? El padre sugirió la orden francesa de las Auxiliatrices du Purgatoire (Auxiliadoras del Purgatorio), cuyo convento estaba allí mismo, en Misasa. Sasaki-san dijo que no quería entrar en una sociedad que la obligara a hablar en lenguas extranjeras. Él le prometió que podría seguir hablando japonés.

Sasaki-san entró al convento, y los primeros días se dio cuenta de que el padre Takakura le había mentido. Iba a verse obligada a aprender latín y francés. Le dijeron que cuando escuchara el llamado

de diana en las mañanas, debía gritar: "*Mon Jesus, miséricorde!*". La
primera noche se escribió las palabras sobre la palma de una mano,
con tinta, para poder leerlas cuando escuchara el llamado a la mañana siguiente, pero resultó que estaba demasiado oscuro.

Comenzó a tener miedo de fracasar. No tenía problemas para
aprender acerca de Eugénie Smet, conocida como María Bendi-
ta de la Providencia, la fundadora de la orden, que en 1856 había
introducido en París programas para el cuidado de los pobres y de
enfermería doméstica, y después había enviado doce hermanas
a China, entrenadas por ella misma. Pero a sus treinta años, Sasaki-san se sentía demasiado vieja para ser una niña de escuela estu-
diando latín. Fue recluida en el edificio del convento, pero podía
hacer caminatas ocasionales –dos horas de ida y dos de vuelta,
lo cual era doloroso para su pierna enferma– a Mitaki, una montaña donde había tres hermosas cascadas. Con el tiempo descubrió que tenía una resistencia y una tenacidad sorprendentes, y
lo atribuyó a todo lo que había aprendido de sí misma durante las
horas y las semanas que siguieron a la bomba. Cuando la Madre
Superiora, Marie Saint-Jean de Kenti, le preguntó un día qué haría
si le dijeran que había fracasado y debía irse, Sasaki-san repuso:
"Me agarraría de esa viga con todas mis fuerzas". Se agarró, en
efecto; y en 1957 tomó los votos de pobreza, castidad y obedien-
cia, y se transformó en la hermana Dominique Sasaki.

Para entonces, la Sociedad de Auxiliadoras ya sabía de su fortaleza, y apenas hubo salido del noviciado fue nombrada directora de un hogar de setenta ancianos cerca de Kurosaki, Kyushu, llamado Jardín de San José. Tenía sólo treinta y tres años, y
era la primera japonesa en ser directora del hogar: estaba al mando de un equipo de quince personas, cinco de las cuales eran

monjas francesas y belgas. De inmediato tuvo que enfrentarse
a negociaciones con burócratas locales y nacionales. Carecía
de manuales acerca del cuidado de los ancianos. Heredó un
decrépito edificio de madera —un antiguo templo— y una institución que había tenido problemas incluso para dar de comer
a sus debilitados internos, algunos de los cuales habían tenido
que ser enviados en busca de leños para la chimenea. La mayoría de los ancianos eran antiguos mineros de las notoriamente
crueles minas de carbón de Kyushu. Algunas de las monjas
extranjeras eran malhumoradas, y su manera de hablar, al contrario de la de los japoneses, le parecía a la hermana Sasaki lacó-
nica, dura e hiriente.

Su obstinación dio resultado, y la hermana Sasaki permaneció veinte años a la cabeza del Jardín de San José. Gracias a sus
estudios de contabilidad, fue capaz de introducir un sistema racio-
nal de contabilidad. Con el tiempo la Sociedad de Auxiliadoras, con la ayuda de varias ramas de los Estados Unidos, consiguió dinero suficiente para un nuevo edificio, y la hermana Sasaki
supervisó la construcción de una estructura de bloques de cemento en la cima de una colina. Pocos años después, un río subte-
rráneo comenzó a minar la estructura, y la hermana Sasaki se
ocupó de reemplazarla por un moderno edificio de cemento reforzado, con habitaciones simples y dobles, provistas de lavama-
nos e inodoros estilo occidental.

Pero se dio cuenta de que su don más grande era su habilidad
para ayudar a los internos a morir en paz. Tras la bomba había
visto tantas muertes en Hiroshima, y había visto tantas de las cosas
extrañas que suele hacer la gente cuando se ve cercada por la
muerte, que ya nada la sorprendía ni la asustaba. La primera
vez que veló a un interno moribundo recordó vívidamente una
noche después de la bomba en que yacía al aire libre, sin nadie

que la cuidara, con un dolor agudo, junto a un joven que se estaba muriendo. Había hablado con él toda la noche y se había dado cuenta, sobre todo, de su terrible soledad. Lo había visto morir por la mañana. En el hogar, junto a los lechos de muerte, siempre tenía presente esta terrible soledad. Le hablaba poco al moribundo, pero podía darle la mano o sostener su brazo, haciéndole notar su presencia.

Cierta vez un hombre le reveló en su lecho de muerte –con descripciones tan vívidas que a ella le parecía estar presenciando el acto– que había acuchillado a otro por la espalda y lo había visto desangrarse. Aunque el asesino no era cristiano, la hermana Sasaki le dijo que Dios lo perdonaba, y el hombre murió consolado. Otro anciano había sido un borracho, como tantos mineros de Kyushu. Había tenido una sórdida reputación; su familia lo había abandonado. En el hogar intentaba, con patético entusiasmo, complacer a todo el mundo. Se ofrecía como voluntario para llevar el carbón desde el almacén y alimentar la caldera del edificio. Tenía cirrosis hepática, y le habían advertido que no aceptara el vasito diario de licor destilado que el Jardín de San José regalaba misericordiosamente a los antiguos mineros. Pero él siguió bebiéndola. Una noche, mientras vomitaba sobre la mesa, se rompió un vaso sanguíneo. Tardó tres días en morir. La hermana Sasaki permaneció a su lado todo ese tiempo, sosteniendo su mano para que muriera con la certeza de que, en vida, la había complacido.

En 1970, la hermana Sasaki asistió a una conferencia internacional de monjas trabajadoras en Roma y después inspeccionó las instalaciones de la seguridad social en Italia, Suiza, Francia, Bélgica e Inglaterra. Se retiró del Jardín de San José a la edad de cincuenta y cinco años, en 1978, y fue premiada con un viaje de vacaciones a la Santa Sede. Incapaz de quedarse ociosa, se instaló en una mesa fuera de San Pedro para dar consejos a los turistas japoneses; más tarde ella misma se transformó en turista por Florencia, Padua, Asís, Venecia, Milán y París.

De vuelta al Japón se presentó como voluntaria por dos años en las oficinas de la Sociedad de Auxiliadoras en Tokio, y luego pasó otros dos años como Madre Superiora en el convento de Misasa, donde había recibido su capacitación. Después de aquello llevó una vida tranquila como supervisora del dormitorio de mujeres en la escuela de música donde su hermano había estudiado; la Iglesia se había hecho cargo de la escuela, y ahora se llamaba Elizabeth College of Music. Tras terminar sus estudios, Yasuo se había titulado como profesor, y ahora enseñaba composición y matemáticas en una escuela secundaria de Kochi, en la isla de Shikoku. Yaeko estaba casada con un doctor que era dueño de su propia clínica en Hiroshima, y la hermana Sasaki podía ir a verlo si necesitaba atención médica. A pesar de las continuas dificultades con su pierna, había soportado durante varios años un cuadro clínico que —como les sucedía a tantos hibakushas— podía o no ser consecuencia de la bomba: disfunciones hepáticas, sudores nocturnos y fiebres matinales, anginas atípicas, manchas sanguíneas en las piernas y signos de un factor reumatoide en los análisis de sangre.

En 1980, mientras se encontraba destinada en las oficinas de la Sociedad en Tokio, llegó uno de los momentos más felices de su vida: se celebró una cena en su honor para conmemorar sus veinticinco años como monja. Por casualidad, una segunda invitada de honor esa noche era la directora de la sociedad en París, la Madre General France Delcourt, y sucedió que también ella celebraba su vigésimo quinto año en la orden. La Madre Delcourt le dio a la hermana Sasaki un cuadro de la Virgen María como regalo. La hermana Sasaki pronunció un discurso: "No pensaré demasiado en el pasado. Cuando sobreviví a la bomba, fue como si me dieran una vida de repuesto. Pero prefiero no mirar atrás. Seguiré moviéndome hacia adelante".

Doctor Masakazu Fujii

El doctor Fujii, un hombre cordial que había cumplido ya los cincuenta años, disfrutaba de la compañía de los extranjeros, y en las tardes le gustaba, puesto que su práctica en la clínica Kaitachi prosperaba casi sin su ayuda, invitar a los miembros de las fuerzas de ocupación y servirles cantidades aparentemente interminables de whisky Suntory que conseguía de alguna manera. Durante años se había entretenido aprendiendo lenguas extranjeras como pasatiempo, entre ellas el inglés. El padre Kleinsorge era ya un viejo amigo, y lo visitaba en las tardes para enseñarle a hablar alemán. El doctor también había empezado a aprender esperanto. Durante la guerra, a la policía secreta se le había metido en la cabeza que los rusos usaban el esperanto para sus códigos de espionaje, y el doctor Fujii fue interrogado más de una vez acerca de si recibía mensajes del Comintern. Ahora lo entusiasmaba hacerse amigo de los norteamericanos.

En 1948 construyó una nueva clínica en Hiroshima, sobre el solar de la que había sido destruida por la bomba. La nueva era un modesto edificio de madera con media docena de habitaciones para los internos. El doctor había recibido formación como cirujano ortopédico, pero después de la guerra ese oficio estaba dividiéndose en varias especializaciones. Al principio lo interesaron las dislocaciones prenatales de la cadera, pero ahora se sentía demasiado viejo para avanzar con ésa u otras especializaciones; además, carecía de los sofisticados equipos necesarios para especializarse. Operó queloides, realizó apendicectomías y trató heridas varias; también aceptó casos médicos (y, en ocasiones, venéreos). A través de sus amigos de la Ocupación logró obtener penicilina. Llegó a tratar a unos ochenta pacientes diarios.

Tenía cinco hijos adultos que, en la tradición japonesa, siguieron su camino. Sus hijas Myeko y Chieko, la mayor y la menor, se casaron con doctores. El hijo mayor, Masatoshi, doctor, heredó la clínica de Kaitachi y su consulta; el segundo hijo, Keiji, no estudió medicina, pero se hizo técnico en rayos X; y el tercer hijo, Shigeyuki, era uno de los jóvenes médicos del Hospital de la Universidad Nihon en Tokio. Keiji vivía con sus padres en una casa que el doctor Fujii había construido junto a la clínica de Hiroshima.

El doctor Fujii no sufría ninguno de los efectos de la sobredosis radioactiva, y sentía evidentemente que, a pesar de todo el daño psicológico que le pudieron haber causado los efectos de la bomba, la mejor terapia era seguir el principio del placer. De hecho, les recomendaba a los hibakushas que sí tenían síntomas radioactivos tomaran dosis regulares de alcohol. Se divertía mucho. Era compasivo con sus pacientes, pero no creía en el trabajo demasiado duro. Tenía un salón de baile instalado en su casa. Había comprado una mesa de billar. Le gustaba la fotografía, y se construyó un cuarto oscuro. Jugaba mah-jongg. Le encantaba tener huéspedes extranjeros. A la hora de dormir, sus enfermeras le daban masajes y, algunas veces le ponían inyecciones terapéuticas.

Empezó a jugar al golf, y se construyó un búnker de arena y puso una red de práctica en su jardín. En 1955 pagó una cuota de

entrada de ciento cincuenta mil yenes, que entonces eran poco
más de cuatrocientos dólares, para asociarse al exclusivo Country
Club de Hiroshima. No llegó a jugar mucho al golf, pero con-
servó la membresía familiar, para posterior felicidad de sus hijos.
Treinta años después, entrar al club costaría quince millones de
yenes, o sesenta mil dólares.

Sucumbió al furor japonés por el béisbol. Al principio, a los
jugadores de Hiroshima se los llamaba, en inglés, *the Carps*, las
Carpas, hasta que el doctor señaló al público que el plural de
ese pescado, y de esos jugadores, no llevaba "s". Iba a menudo
a ver partidos al gran estadio nuevo, que no estaba lejos del Domo
de la Bomba A −las ruinas del Salón de Promoción Industrial
de Hiroshima, que la ciudad había decidido mantener como único recordatorio físico de la bomba−. En sus primeras temporadas, las Carpas obtuvieron resultados desalentadores, y sin embargo contaban con seguidores fanáticos, más o menos como tuvieron
los Dodgers de Brooklyn y los Mets de Nueva York en sus buenos años. Pero el doctor Fujii se inclinó, maliciosamente, por
las Golondrinas de Tokio; y llevaba una insignia de las Golondrinas en la solapa de su chaqueta. En su proceso de regeneración como ciudad después de los bombardeos, Hiroshima descubrió que tenía uno de los barrios de entretenimiento más
chabacanos de todo Japón: un área en la cual vastos anuncios
de neón de colores diversos titilaban en la noche como llaman-
do a los clientes potenciales de bares, casas geisha, cafés, salo-
nes de baile y prostíbulos autorizados. Una noche el doctor Fujii,
que había comenzado a tener reputación de *purayboy*, o play-
boy, llevó a la ciudad a Shigeyuki, su hijo inocente −que tenía
veinte años y estaba de regreso en casa descansando de los duros
estudios de medicina en Tokio− para enseñarle a hacerse hombre. Fueron a un local donde había un gran salón de baile con

chicas alineadas de un lado. Shigeyuki dijo que no sabía qué hacer; las piernas le temblaban. El doctor Fujii compró un tiquete, escogió a una chica especialmente hermosa y le dijo a Shigeyuki que hiciera una venia, la sacara a la pista e hiciera el paso que el padre le había enseñado en casa. Le dijo a la chica que fuera amable con su hijo, y desapareció.

En 1956, el doctor Fujii vivió una aventura. Un año antes, cuando las llamadas Doncellas de Hiroshima se habían ido a los Estados Unidos para su cirugía plástica, dos cirujanos de Hiroshima las habían acompañado. No podían estar fuera de la ciudad más de dos años, y llamaron al doctor Fujii para que reemplazara a uno de ellos. Partió en febrero, y durante diez meses, en Nueva York y sus alrededores, jugó el papel de padre cariñoso y comprensivo con sus veinticinco hijas impedidas. Observó sus operaciones en el hospital Mount Sinai e hizo de intérprete entre los doctores norteamericanos y las chicas, ayudando a éstas a entender lo que les ocurría. Le agradó ser capaz de hablar alemán con las esposas judías de algunos doctores; en una recepción, nada menos que el gobernador del estado de Nueva York lo felicitó por su inglés.

A menudo las chicas, hospedadas con familias norteamericanas que hablaban poco o nada de japonés, se sentían solas, y el doctor Fujii inventó varias maneras de animarlas. Organizó salidas a comer comida japonesa llevando a dos o tres chicas a la vez. Una vez, un médico norteamericano y su esposa iban a dar una fiesta apenas tres días después de que una de las doncellas, Michiko Yamaoka, pasara por una operación de importancia. Su cara estaba cubierta de gasa, y llevaba las manos vendadas y pegadas al cuerpo. El doctor Fujii no quería que se perdiera la fiesta, así que hizo arreglos con un doctor norteamericano para que le permitiera asistir en una limusina abierta de color rojo seguida por una escolta policial con sirena. En el camino se detuvieron en una tienda, y el doctor Fujii le compró a Michiko un caballo de juguete por diez centavos; le pidió al policía que fotografiara la entrega del regalo.

Algunas veces el doctor Fujii salía solo a divertirse. El otro doctor japonés, de nombre Takahashi, era su compañero de habitación en el hotel. El doctor Takahashi bebía poco y tenía el sueño liviano. El doctor Fujii llegaba tarde en las noches, se estrellaba con todo, se desplomaba sobre la cama y estallaba en una sinfonía de ronquidos que impedirían dormir a cualquiera. Se divertía en grande.

¿Seguía siendo tan despreocupado nueve años después, en Hiroshima? El marido de su hija Chieko no lo creía así. El yerno creía ver en él señales de creciente terquedad y rigidez, y una cierta inclinación a la melancolía. Para que su padre pudiera relajarse un poco, Shigeyuki, el tercer hijo, renunció a su consulta en Tokio y regresó para servirle de asistente, mudándose a una casa que su padre había construido sobre un solar vacío a una calle de la clínica. En la vida de su padre había una pequeña mancha: una trifulca en el Club de Leones de Hiroshima, del cual era presidente. En la pelea se había discutido si el club debía intentar, a través de su política de admisión, volverse una organización exclusiva para la alta sociedad, como algunas de las asociaciones japonesas de médicos, o seguir siendo esencialmente una organización de servicio abierta a todo el mundo. Cuando fue evidente que sería derrotado, el doctor Fujii, que apoyaba este último punto de vista, se sintió defraudado y dimitió de forma abrupta.

Su relación con su esposa se volvía difícil. Desde su viaje a los Estados Unidos había querido tener una casa como la de uno de los doctores del Mount Sinai, y ahora, para desconsuelo de ella, había diseñado y construido, junto a la casa de madera en la que vivía Shigeyuki, una residencia de cemento de tres pisos para él solo. En la planta baja había un salón de estar y una cocina estilo americano; su estudio quedaba en el primer piso, sus paredes forradas de libros que, según descubrió después Shigeyuki, eran copias y copias meticulosas que su padre había hecho, durante la universidad, de los apuntes de Iwamoto, un compañero más inteligente que él; y en el último piso había una habitación de estilo japonés, de ocho esteras, y un baño estilo americano.

Hacia finales de 1963, el doctor Fujii apuró la terminación del edificio para poder albergar a una pareja de norteamericanos que habían hospedado a algunas doncellas y llegarían de visita después del primer día del año. Quería pasar allí algunas noches, para probar la casa. Su esposa no estuvo de acuerdo con las prisas, pero él se mudó, obstinadamente, a finales de diciembre.

Víspera de Año Nuevo, 1963. El doctor Fujii estaba cómodamente sentado sobre el tatami del salón de Shigeyuki, con las piernas en un *kotatsu*, un brasero eléctrico situado en un hueco en el suelo. Allí también estaban Shigeyuki y su esposa y otra pareja, pero no la esposa del doctor Fujii. El plan era beber algo y ver un programa de televisión de Año Nuevo llamado "Ko-haku Uta-Gassen", un concurso entre dos equipos de cantantes populares –uno rojo (femenino) y uno azul (masculino)–, escogidos para el programa por votación de la audiencia; los jurados eran actrices famosas, escritores, golfistas, jugadores de béisbol. El programa se emitía entre las nueve y las once y cuarenta y cinco, y entonces se tocaban las campanas para el Año Nuevo. A eso de las once, Shigeyuki se percató de que su padre, que no había bebido demasiado, estaba cabeceando, y le sugirió que se fuera a dormir. Y así lo hizo él pocos minutos después, antes del final del programa, esta vez sin los cuidados de la enfermera que casi todas las noches masajeaba sus pies y lo metía en la cama. Un rato después, preocupado por su padre, Shigeyuki salió y rodeó la casa, y desde el lado del río, mirando hacia arriba, vio una luz encendida en la ventana de la habitación. Pensó que todo estaba bien.

La familia había planeado reunirse a las once de la mañana siguiente para tomar el desayuno tradicional de Año Nuevo, con *ozoni*, una sopa, y *mochi*, pasteles de arroz. Chieko, su esposo y otros invitados llegaron primero, y comenzaron a beber. A las once y media el doctor Fujii no había aparecido todavía, y Shigeyuki mandó a su hijo de siete años, Masatsugu, a que lo llamara desde afuera. El niño, al no obtener respuesta, intentó abrir la puerta. Estaba cerrada con llave. Tomó prestada una escalera de la casa del vecino, subió hasta el último escalón y desde allí llamó de nuevo, y tampoco hubo respuesta. Cuando se lo dijo a sus padres, se alarmaron: corrieron a la casa y rompieron un cristal junto a la puerta para abrirla, y al sentir el olor del gas se apresuraron a subir. Allí encontraron al doctor Fujii inconsciente, con un calentador de gas junto a la cabecera de su futón, encendido pero sin llama. Extrañamente, un ventilador también estaba encendido; la corriente de aire fresco que producía probablemente había mantenido con vida al doctor. Estaba acostado de espaldas; tenía una mirada serena.

Tres doctores estaban presentes —hijo, yerno y un invitado—, y, después de traer oxígeno y otros aparatos de la consulta, hicieron todo lo que pudieron para revivir al doctor Fujii. Llamaron a uno de los mejores médicos que conocían, un profesor Myanishi, de la Universidad de Hiroshima. Su primera pregunta: "¿Ha sido un intento de suicidio?". La familia creía que no. Pero no había nada que hacer hasta el 4 de enero; en Hiroshima, todo estaría cerrado durante la fiesta de Año Nuevo, que duraba tres días, y los servicios hospitalarios se mantendrían al mínimo. El doctor Fujii permaneció inconsciente, pero sus signos vitales no parecían ser críticos. El 4 de enero llegó una ambulancia. Mientras los portadores lo transportaban escaleras abajo, el doctor Fujii se sacudió. Mientras recuperaba la conciencia creyó que lo rescataban después de la explosión de la bomba atómica. "¿Quiénes sois?", preguntó a los portadores. "¿Sois soldados?"

Comenzó a recuperarse en el hospital universitario. El 15 de enero, cuando empezaron los campeonatos anuales de sumo, pidió que le trajeran el televisor portátil que había comprado en los Estados Unidos, y se sentó en la cama a verlos. Podía comer sin ayuda, aunque su manejo de los palillos era un poco torpe. Pidió una botella de sake.

Para entonces, la familia había bajado la guardia. El 25 de enero sus heces de repente se volvieron acuosas y sanguinolentas, y el doctor se deshidrató y perdió la conciencia.

Llevó la vida de un vegetal durante los once años siguientes. Permaneció en el hospital dos años y medio, alimentándose a través de un tubo, y luego fue llevado a casa, donde su esposa y una sirvienta leal cuidaban de él, alimentándolo a través del tubo, cambiando sus pañales, bañándolo, dándole masajes, medicándolo contra infecciones urinarias que desarrollaba a veces. En ocasiones parecía responder a las voces, y algunas veces parecía mostrar placer o desagrado.

A las diez en punto de la noche del 11 de enero de 1973, Shigeyuki llevó a su hijo Masatsugu —el niño que había subido a la escalera el día del accidente para llamar a su abuelo, que ya era un estudiante de preparatoria médica de dieciséis años— a ver al doctor Fujii. Quería que el muchacho examinara a su abuelo con ojo médico. Masatsugu escuchó la respiración y los latidos del corazón de su abuelo y le tomó la tensión; juzgó que su condición era estable, y Shigeyuki estuvo de acuerdo.

A la mañana siguiente, la madre de Shigeyuki lo llamó diciendo que le parecía que el padre tenía un aspecto raro. Cuando Shigeyuki llegó, el doctor Fujii estaba muerto.

La viuda del doctor se opuso a que se hiciera una autopsia. Shigeyuki quería que se hiciera, y recurrió a una treta. Hizo que el cuerpo fuese llevado a un crematorio; esa misma noche, fue llevado de vuelta a la Comisión de Víctimas de la Bomba Atómica, que quedaba sobre una colina al oriente de la ciudad. Cuando se llevó a cabo el examen post mórtem, Shigeyuki fue a buscar el informe. Al encontrar los órganos de su padre distribuidos en varios contenedores, tuvo la curiosa sensación de un último encuentro, y dijo: "Ahí estás, Oto-chan; ahí estás, papá". Le mostraron que el cerebro de su padre estaba atrofiado, su intestino grueso se había dilatado y había un cáncer del tamaño de una bola de *ping-pong* en su hígado.

Los restos del doctor fueron cremados y enterrados en los terrenos del Templo de la Noche del Loto, de la secta budista Jodo Shinshu, cerca de la casa de su familia materna en Nagatsuka.

Esta historia hibakusha terminó de manera triste. La familia se peleó por la propiedad del padre, y una madre demandó a un hijo.

Kiyoshi Tanimoto

Un año después de la bomba, los habitantes de Hiroshima habían comenzado nuevamente a tomar posesión de los solares en ruinas donde una vez habían estado sus casas. Muchos construyeron toscas chozas de madera después de rescatar tejas de entre las ruinas para construirse un techo. No había electricidad para alumbrar las chabolas, y cada tarde, solitarios, confundidos y desilusionados, se reunían en una zona abierta cerca de la estación de trenes de Yokogawa para negociar en el mercado negro y consolarse mutuamente. Allí llegaba cada tarde el grupo de Kiyoshi Tanimoto y otros cuatro pastores protestantes y, con ellos, un trompetista y un tambor con pitos y redobles: "Adelante, soldados cristianos". Los pastores se subían sobre una caja y predicaban por turnos. Con tan poco para divertirse, la multitud se acercaba siempre, incluidas unas pocas chicas *panpan*, como se llegó a llamar a las prostitutas que se ofrecían a los GI. La ira de muchos hibakushas, dirigida al principio contra los norteamericanos por haber arrojado la bomba, para entonces se había vuelto sutilmente hacia su propio gobierno por haber involucrado al país en una agresión precipitada y condenada al fracaso. Los predicadores decían que era inútil culpar al gobierno; que las esperanzas del pueblo japonés consistían en arrepentirse de su pasado pecador y confiar en Dios: "Buscad primero el Reino de Dios y su recto camino; y todas estas cosas vendrán añadidas. No penséis, por lo tanto, en el mañana: pues el mañana se ocupará de sus cosas. Para el día es suficiente el mal que hay en él".

Puesto que carecía de iglesia hacia la cual atraer a eventuales conversos, si los hubiere, Kiyoshi Tanimoto pronto se dio cuenta de la futilidad de su prédica. Partes de la estructura de cemento reforzado de su iglesia gótica todavía quedaban en pie, y comen-

zó a pensar en las formas de reconstruir el edificio. No tenía dinero. El edificio había sido asegurado por ciento cincuenta mil yenes
—en esa época, menos de quinientos dólares—, pero los conquistadores habían congelado los fondos bancarios. Tras enterarse de
que se estaban distribuyendo provisiones militares para diversas formas de reconstrucción, el señor Tanimoto consiguió del
gobierno de la prefectura boletas de requisición para "materiales de conversión", y puso en marcha una cacería de cosas que
pudiese usar o vender. En ese tiempo de robos generalizados y
de resentimientos hacia el ejercito japonés, muchos de los depósitos de provisiones fueron asaltados. El señor Tanimoto terminó por encontrar un almacén de pintura en la isla de Kamagari.
El personal de la Ocupación norteamericana había destrozado el
lugar. Incapaces de leer etiquetas en japonés, los norteamericanos habían perforado y derribado los contenedores, aparentemente para ver qué había en ellos. El pastor se hizo con una
lancha y trajo de vuelta un buen cargamento de contenedores,
y logró cambiarlos con un negocio pequeño, la Compañía de
Construcción Toda, por un techo de tejas para su iglesia. Poco a
poco, a medida que pasaban los meses, algunos parroquianos lea-
les y él trabajaron con sus propias manos en la carpintería del
edificio, pero carecían de fondos suficientes para hacer gran cosa.

*El 1 de julio de 1946, antes del primer aniversario de la bomba, los
Estados Unidos habían probado una bomba atómica en el atolón Bikini. El 17 de mayo de 1948, los norteamericanos anunciaron la conclu-
sión satisfactoria de otra prueba.*

En su correspondencia con un compañero de clase de la Universidad Emory, el reverendo Marvin Green, pastor de Park Church en Weehawken, Nueva Jersey, Kiyoshi Tanimoto mencionó sus dificultades para restaurar su iglesia. Green organizó, con el Directorio de Misiones Metodistas, una invitación para que Tanimoto visitara los Estados Unidos con el fin de recaudar dinero, y en octubre de 1948 Tanimoto se despidió de su familia y se embarcó hacia San Francisco en un transporte norteamericano, el "U.S.S. Gordon".

En el mar se le ocurrió una idea ambiciosa. Dedicaría su vida entera a trabajar por la paz. Poco a poco se convencía de que la memoria colectiva de los hibakushas llegaría a ser una poderosa fuerza de paz en el mundo, y de que debería haber en Hiroshima un centro donde la experiencia de la bomba pudiera volverse foco de estudios internacionales, asegurando así que nunca más volvieran a usarse armas atómicas. Finalmente, ya en los Estados Unidos, sin pensar siquiera en hablarlo con el alcalde Shinzo Hamai ni con nadie más en Hiroshima, escribió un memorando haciendo un bosquejo de la idea.

Tanimoto vivía como huésped en el sótano de la parroquia de Marvin Green en Weehawken. El reverendo Green, tras reclutar la ayuda de varios voluntarios, se volvió representante y promotor de la idea. Usó un directorio de la iglesia para compilar una lista de todas las iglesias del país que tuviesen más de doscientos miembros o presupuestos de más de veinticinco mil dólares, y a cientos de ellas envió cartas manuscritas en las que solicitaba que invitaran al señor Kiyoshi Tanimoto a dar una conferencia en su sede. Éste trazó una serie de itinerarios y pronto comenzó a viajar con un discurso preparado cuyo título era "La fe que surgió de las cenizas". En cada iglesia se llevó a cabo una colecta.

Entre viaje y viaje, Tanimoto comenzó a presentar su memorando sobre el centro de paz a personas que podían ser influyentes. Durante una visita que hizo a Nueva York desde Weehawken, un amigo japonés lo llevó a conocer a Pearl Buck a la oficina de la editorial de su marido. Ella leyó, y él explicó, el memorando. Ella dijo que la propuesta le causaba muy buena impresión, pero que se sentía demasiado vieja y ocupada para ayudarlo. En cambio, conocía a la persona que sí podría: Norman Cousins, editor de *The Saturday Review of Literature*. El señor Tanimoto debía enviarle su memo, y ella se encargaría de hablar con Cousins.

Un día, no mucho después, mientras el pastor hacía una gira con su conferencia por una zona rural cerca de Atlanta, recibió una llamada telefónica de Cousins, que dijo sentirse profundamente conmovido por el memorando: ¿podía incluirlo en el *Saturday Review* como editorial invitada?

El 5 de marzo de 1949, el memorando apareció en la revista bajo el título "Idea de Hiroshima", una idea que, según decía la nota introductoria de Cousins, "los editores comparten con entusiasmo y con la cual se asociarán ellos mismos".

Los habitantes de Hiroshima, ya despiertos del aturdimiento que siguió al bombardeo atómico de su ciudad el 6 de agosto de 1945, reconocen que han sido parte de un experimento de laboratorio que demostró las viejas tesis de los pacifistas. Casi cada uno de ellos ha aceptado como imperiosa responsabilidad su misión de ayudar a prevenir otras destrucciones como ésta en cualquier lugar del mundo.

La gente de Hiroshima [...] desea de corazón que de su experiencia surja alguna contribución permanente a la causa de la paz mundial. Para este fin proponemos establecer un Centro Mundial de la Paz, internacional y no sectario, que servirá como laboratorio de investigación y planificación para una educación hacia la paz en el mundo entero.

En realidad, los habitantes de Hiroshima —casi cada uno de ellos— desconocían por completo la propuesta del señor Tanimoto (y ahora de Norman Cousins). Conocían, sin embargo, el papel central que la ciudad estaba destinada a jugar en la memoria del mundo. El 6 de agosto, cuarto aniversario de la bomba, el Diet nacional promulgó una ley, instituyendo a Hiroshima como Ciudad Conmemorativa de la Paz, y el diseño final del parque conmemorativo, realizado por el gran arquitecto japonés Kenzo Tange, fue revelado al público. En el centro del parque habría, en memoria de quienes murieron, un solemne cenotafio en forma de *haniwa*: un arco de arcilla, presumiblemente una casa de los muertos, que podía encontrarse en tumbas prehistóricas de Japón. Una gran multitud se congregó para la Ceremonia Anual en Conmemoración de la Paz. Tanimoto se encontraba lejos de todo esto, en gira por las iglesias norteamericanas.

Pocos días después del aniversario, Norman Cousins visitó Hiroshima. En su mente, la idea de Kiyoshi Tanimoto había sido desplazada por su propia idea: que una petición internacional en apoyo de los Federalistas Unidos del Mundo —un grupo que exigía un gobierno mundial— fuera presentada al presidente Truman, quien había ordenado arrojar la bomba. En poco tiempo 107.854 firmas fueron recogidas en la ciudad. Después de la visita a un orfanato, Cousins regresó a los Estados Unidos con otra idea más: la "adopción moral" de huérfanos de Hiroshima por parte de norteamericanos que enviarían apoyo económico para los niños. También en los Estados Unidos se recogían firmas para la petición de los federalistas, y Cousins logró entusiasmar a Tanimoto, que hasta ese momento sabía muy poco acerca de la organización, invitándolo a formar parte de la delegación que le presentaría la propuesta al presidente Truman.

Desgraciadamente, Harry Truman se negó a recibir a los peticionarios y rehusó su propuesta.

El 23 de septiembre de 1949, la radio de Moscú anunció que la Unión Soviética había desarrollado una bomba atómica.

Para finales de ese año, Kiyoshi Tanimoto había visitado doscientas cincuenta y seis ciudades en treinta y un estados, y había reunido cerca de diez mil dólares para su iglesia. Antes de que viajara de vuelta, Marvin Green mencionó casualmente que estaba a punto de renunciar a su viejo Cadillac verde. Su amigo Tani le pidió que lo donara a la iglesia de Hiroshima, y así se hizo. A través de un conocido, un japonés del negocio del transporte, Tanimoto logró que el coche fuera llevado sin costo hasta Japón.

Ya de vuelta en casa, a comienzos de 1950, Tanimoto llamó al alcalde Hamai y al gobernador de la prefectura, Tsunei Kusunose, solicitando su apoyo oficial para la idea del centro de paz. Fue rechazado. A través de un mensaje a la prensa y otras medidas, el general Douglas MacArthur, comandante supremo de las fuerzas de Ocupación, había prohibido estrictamente la diseminación o campaña a favor de cualquier tipo de reportes sobre las consecuencias de las bombas de Hiroshima y Nagasaki —incluida la consecuencia de un deseo de paz—, y los oficiales pensaron evidentemente que el centro de paz de Tanimoto podía causar problemas al gobierno local. Tanimoto perseveró reuniendo a un grupo de ciudadanos líderes, y, después de que Norman Cousins abriera una Fundación para el Centro de Paz de Hiroshima en Nueva York destinada a recibir fondos norte-americanos, esta gente estableció el centro en Hiroshima, usan-do como base la iglesia de Tanimoto. Al principio hubo poco que hacer. (Sólo años después, cuando ya se habían construido en el parque un Museo Conmemorativo de la Paz y un Salón Conmemorativo de la Paz, y en la ciudad se llevaban a cabo ani-madas −y algunas veces turbulentas− conferencias anuales sobre temas de paz, fueron reconocidas, al menos por algunos habi-tantes de Hiroshima, las semillas plantadas tiempo atrás por Kiyoshi Tanimoto y su valentía al ignorar las restricciones impues-tas por MacArthur.)

El Cadillac llegó, y el jubiloso pastor decidió dar una vuelta en ese devorador de gasolina. Cuando subía por los cerros de Hijiyama, al este de la ciudad, fue detenido por un policía y arres-tado por conducir sin licencia. Pero poco antes Tanimoto había comenzado a servir como capellán para la academia de policía, y cuando los altos mandos del cuartel de policía lo vieron lle-gar, rieron y lo dejaron irse.

A mediados del verano de 1950 Cousins invitó a Tanimoto a regre-sar a los Estados Unidos y hacer una segunda gira para recau-dar fondos a favor de los federalistas, la adopción moral y el centro de paz, y a finales de agosto Tanimoto estaba nuevamen-te en marcha. Como antes, Marvin Green organizó las cosas. Esta vez Tanimoto visitó doscientos y una ciudades en veinticuatro estados a lo largo de ocho meses. El momento culminante de su viaje (y posiblemente de su vida) fue una visita a Washington,

organizada por Cousins, donde, el 5 de febrero de 1951, tras comer
con miembros del Comité de Asuntos Extranjeros de la Casa
Blanca, Tanimoto pronunció esta oración para abrir la sesión
de la tarde en el Senado:

> Padre Nuestro que estás en los cielos, te damos gracias por
> la gran bendición que has dado a América al permitirle cons-
> truir, en esta última década, la más grande civilización de
> la historia humana... Te damos gracias, Dios, por haber per-
> mitido que Japón sea uno de los afortunados destinatarios
> de la generosidad norteamericana. Te damos gracias por
> haber dado a nuestra gente el don de la libertad, que les per-
> mite levantarse de las cenizas de las ruinas y nacer de nue-
> vo... Dios bendiga a todos los miembros de este Senado.

A. Willis Robertson, senador de Virginia, se puso de pie y se
declaró "atónito y sin embargo estimulado" por el hecho de que
un hombre "al que intentamos matar con una bomba atómica
venga a una asamblea del Senado y, dando gracias al mismo Dios
que nosotros adoramos, le agradezca el gran legado espiritual
de América, y luego le pida a Dios que bendiga a cada miembro del Senado".

El día antes de que cayera la bomba sobre Hiroshima, la ciudad, temiendo bombardeos incendiarios, había puesto a cientos
y cientos de niñas a trabajar ayudando a derribar casas y a despejar carriles cortafuegos. Cuando la bomba explotó, estaban a
la intemperie. Muy pocas sobrevivieron, y entre ellas muchas
sufrieron quemaduras graves y luego desarrollaron queloides
de feo aspecto en sus caras, brazos y manos. Un mes después

de regresar de su segundo viaje a los Estados Unidos, Tanimoto puso en marcha, como proyecto de su centro de paz, un curso sobre la Biblia con algunas de ellas –la Sociedad de las Jóvenes Queloides, las llamaba–. Compró tres máquinas de coser y puso a las chicas a trabajar en un taller de confección de vestidos en el segundo piso de otro de sus proyectos, un hogar para viudas de guerra que había fundado. Solicitó fondos al gobierno de la ciudad para la cirugía plástica de las jóvenes con queloides. Fue rechazado. Se presentó entonces a la Atomic Bomb Casualty Commission (Comisión para las Víctimas de la Bomba Atómica), que había sido implementada para analizar los efectos secundarios de la radiación –efectos que no habían previsto en absoluto quienes tomaron la decisión de arrojar la bomba–. La ABCC le recordó a Tanimoto que su campo era la investigación, no el tratamiento. (Por esta razón los hibakushas sentían un profundo desprecio hacia la ABCC; decían que los norteamericanos los consideraban ratas de laboratorio.)

Una mujer de nombre Shizue Masugi llegó de visita a Hiroshima desde Tokio. Había llevado una vida muy poco convencional para una japonesa de su tiempo. Periodista, casada y divorciada siendo muy joven, Shizue Masugi había sido la amante sucesiva de dos famosos novelistas, y después se había casado de nuevo. Había escrito relatos sobre los amargos amores y la soledad amarga de las mujeres, y ahora escribía una columna para enamoradas en el gran diario de Tokio *Yomiuri Shimbun*. Antes de morir se convertiría al catolicismo, pero escogería ser enterrada en el Templo Tokeiji, un centro zen fundado en 1285 por un monje que sentía lástima de las mujeres casadas con maridos crueles y decretó que cualquiera de ellas, al tomar asilo como monjas en este templo, podía considerarse divorciada. En su visita a Hiroshima, Shizue Masugi le preguntó a Kiyoshi Tanimoto qué era

lo que necesitaban con más urgencia las mujeres hibakushas. Él
propuso cirugía plástica para las jóvenes con queloides. Ella ini-
ció una campaña para buscar fondos en el Yomiuri, y muy pronto nueve chicas fueron llevadas a Tokio para ser operadas. Más
tarde, doce chicas más llegaron a Osaka. Para su gran disgusto,
los periódicos las llamaban Genbaku Otome, frase que fue tra-
ducida al inglés, literalmente, como Doncellas de la Bomba A.

*En octubre de 1952, Gran Bretaña llevó a cabo su primera prueba de bom-
ba atómica y los Estados Unidos su primera prueba de bomba de hidrógeno. En agosto de 1953, también la Unión Soviética probó una bomba
de hidrógeno.*

Las operaciones realizadas a las chicas en Tokio y Osaka no fueron totalmente exitosas, y, en cierta visita a Hiroshima, Marvin
Green, el amigo de Kiyoshi Tanimoto, se preguntó si no sería
posible que algunas de ellas fuesen llevadas a los Estados Unidos, donde las técnicas de cirugía estética eran más avanzadas.
En septiembre de 1953, Norman Cousins llegó con su esposa a
Hiroshima para entregar fondos de adopción moral. Tanimoto
les presentó a algunas de las chicas y habló de la idea de Marvin
Green. La idea les gustó.

Tras su partida tuvo lugar en la oficina del alcalde una incó-
moda reunión en la que se discutió la distribución a los huérfanos de los fondos de adopción moral. Cousins había traído mil
quinientos dólares, pero resultó que doscientos dólares de esta
suma habían sido apartados para seis niños en particular, sesenta y cinco habían sido repartidos entre las doncellas y ciento
diecinueve los gastó Tanimoto en maletines comprados en los

almacenes Fukuya como regalo de Norman Cousins a los directores de seis orfanatos. Esto dejaba mil ciento sesenta y cinco
dólares, sólo dos dólares y setenta centavos para cada uno de
los cuatrocientos diez huérfanos. Los funcionarios municipales,
convencidos de que eran ellos quienes dirigían el proyecto, reaccionaron con furia ante las sumas que Tanimoto había gastado.
En su crónica de esta reunión, el diario de Hiroshima *Chugoku
Shimbun* informó: "El reverendo Tanimoto respondió: 'Sólo seguí
las instrucciones del señor Cousins, no mi propia voluntad'".

Tanimoto se había acostumbrado últimamente a las críticas.
Sus largas ausencias de su iglesia, debidas a viajes a los Estados
Unidos, le habían valido el sobrenombre de Pastor de la Bomba A. Los doctores de Hiroshima querían saber por qué las doncellas no eran operadas en Hiroshima. ¿Y por qué sólo chicas?
¿Por qué no chicos? A algunos les parecía que el nombre de Tanimoto aparecía con demasiada frecuencia en los periódicos. El
enorme Cadillac no había sido bien recibido, aunque rápidamente se hubiera revelado inútil y hubiera tenido que ser convertido en chatarra.

*El 1 de marzo de 1954, el "Dragón con Suerte No. 5" fue rociado con
lluvia radioactiva producida por pruebas atómicas norteamericanas en el
atolón Bikini.*

Norman Cousins se había ido a Nueva York a trabajar en la idea
de las doncellas, y a finales de 1954 el doctor Arthur Barsky, jefe
de cirugía plástica de los hospitales Mount Sinai y Beth Israel, y
el doctor William Hitzig, un internista del personal del Mount
Sinai y médico personal del doctor Cousins, llegó a Hiroshima

para escoger de entre las doncellas aquellas que tuvieran más posibilidades de éxito quirúrgico. De las muchas chicas desfiguradas de la ciudad, sólo cuarenta y tres se presentaron para ser examinadas. Los doctores escogieron a veinticinco.

El 5 de mayo de 1955, Kiyoshi Tanimoto y las chicas despegaron del aeropuerto de Iwakuni en un avión de la Flota Aérea del Ejército de los Estados Unidos. Mientras que las niñas eran acomodadas en hogares de acogida a lo largo de Nueva York, Tanimoto fue llevado precipitadamente a la costa oeste para una gira más de recaudación de fondos. Entre otras citas de su itinerario había una programada para la tarde del miércoles 11 de mayo, en los estudios de la NBC en Los Ángeles, que sería, según dio a entender Cousins, una entrevista de televisión local útil para el proyecto.

Esa tarde, algo aturdido, Tanimoto fue conducido a una silla enfrente de cámaras y luces brillantes, y sobre un plató que imitaba un salón de estar. Un caballero norteamericano al que acababa de conocer, de nombre Ralph Edwards, miró a la cámara con una sonrisa, y se dirigió a la audiencia de aproximadamente cuarenta millones de norteamericanos que atraía cada miércoles por la noche: "Buenas noches, damas y caballeros, y bienvenidos a 'Ésta es su vida'. El tictac que escuchan al fondo es el de un reloj que cuenta los segundos que faltan para las 8:15 de la mañana del 6 de agosto de 1945. Y sentado aquí conmigo está un caballero cuya vida cambió cuando el último tictac de ese reloj marcó las ocho y cuarto. Buenas tardes, señor mío. ¿Podría decirnos cuál es su nombre?"

"Kiyoshi Tanimoto."

"¿Y a qué se dedica?"

"Soy pastor."

"¿Y dónde está su casa?"

"En Hiroshima, Japón."

"¿Y dónde estaba usted el 6 de agosto de 1945 a las ocho y cuarto de la mañana?"

Tanimoto no tuvo tiempo de responder. El tictac se hacía más y más sonoro y hubo un clamor de timbales.

"*Esto* es Hiroshima", dijo Edwards mientras una nube en forma de hongo crecía en la pantalla de los televidentes, "y en ese segundo fatídico del 6 de agosto de 1945 nació un nuevo concepto de vida y muerte. Y el invitado principal de esta noche –¡usted, reverendo Tanimoto!– fue víctima desprevenida de este concepto... En un momento retomaremos el hilo de su vida, reverendo Tanimoto, después de estas palabras de nuestro anunciador, Bob Warren, que tiene algo muy importante que decirles a todas las chicas de nuestra audiencia".

Sin que se lo escuchara, el fatídico reloj de la muerte siguió su tictac durante otros sesenta segundos mientras que Bob Warren intentaba quitar el esmalte Hazle Bishop de las uñas de una rubia –un esfuerzo que no tuvo éxito, incluso a pesar de la utilización de una esponjilla metálica con la cual había logrado quitar óxido de un sartén–.

Lo que siguió tomó a Kiyoshi Tanimoto totalmente desprevenido. Permaneció sentado allí, aletargado, sudoroso y cohibido, mientras que su vida era repasada a grandes rasgos como era costumbre de este famoso programa. Cruzando una puerta en forma de arco llegó la señorita Berta Sparkey, una anciana misionera metodista que en su juventud le había enseñado sobre Cristo. Entonces entró su amigo Marvin Green, bromeando acerca de la vida en la escuela de la divinidad. Entonces Edwards señaló entre el público del estudio a algunos parroquianos que Tanimoto había tenido poco después de ordenarse, durante un breve desempeño como pastor en la Iglesia Japonesa-Americana de la Independencia de Hollywood.

Entonces ocurrió el desastre. Entró un norteamericano alto y algo grueso, a quien Edwards presentó como el capitán Robert Lewis, copiloto del "Enola Gay". Con voz temblorosa, Lewis habló del vuelo. Tanimoto mantenía un rostro de piedra. Llegado un momento Lewis se calló de repente, cerró los ojos y se frotó la frente, y cuarenta millones de televidentes a lo largo del país debieron de pensar que estaba llorando. (No era así. Había estado bebiendo. Años después, Marvin Green le dijo a un joven periodista llamado Rodney Barker, que escribía un libro sobre las doncellas de Hiroshima, que Lewis había sembrado el pánico en la productora del programa al no presentarse esa tarde para el ensayo de todos los participantes con la excepción de Tanimoto. Se decía que había esperado recibir un cheque jugoso por aparecer en el programa, y al enterarse de que no sería así, se había ido de bar en bar. Green dijo haberse encontrado con el copiloto a tiempo para llevarlo a tomar un café antes del programa.)

Edwards: "¿Escribió usted algo en su bitácora en ese momento?".

Lewis: "Escribí las palabras 'Dios mío, ¿qué hemos hecho?'".

Enseguida, Chisa Tanimoto subió al escenario, caminando con pasitos cortos porque llevaba puesto lo que nunca se ponía en casa: un kimono. En Hiroshima le habían dado dos días para salir de casa —junto con los cuatro hijos que tenían ella y su esposo— y viajar a Los Ángeles. Allí, los cinco fueron encarcelados en un hotel, estrictamente separados de su esposo y padre. Por primera vez en el programa el rostro de Tanimoto cambió, mostrando sorpresa; parecía haberse vuelto inmune a las satisfacciones. Enseguida dos de las doncellas, Toyoko Minowa y Tadako Emori, fueron presentadas como siluetas detrás de una pantalla traslúcida, y Edwards lanzó un discursito al público pidiendo dinero para las cirugías. Finalmente, los cuatro niños Tanimoto –Koko, que era apenas una recién nacida cuando cayó la bomba y ahora había cumplido diez años; Ken, el niño de siete; Jun, la niña de cuatro; y Shin, el niño de dos– corrieron a los brazos de su padre.

TELEGRAMA ENTRANTE

CONFIDENCIAL

DE: TOKIO

PARA: SECRETARIO DE ESTADO

FECHA: MAYO 12 DE 1955

SERVICIO DE INFORMACIÓN DE LA EMBAJADA COMPARTE PREOCUPACIÓN WASHINGTON RIESGO PROYECTO CHICAS HIROSHIMA GENERE PUBLICIDAD DESFAVORABLE...

TANIMOTO ES PERCIBIDO AQUÍ COMO CAZADOR DE PUBLICIDAD. PUEDE TRATAR DE APROVECHAR SU VIAJE CONSIGUIENDO FONDOS PARA CENTRO CONMEMORATIVO DE PAZ DE HIROSHIMA, SU PROYECTO PARTICULAR. NO CREEMOS QUE SEA ROJO O SIMPATIZANTE DE ROJOS, PERO PUEDE FÁCILMENTE VOLVERSE FUENTE DE PUBLICIDAD MALICIOSA.

Por valija diplomática:

SECRETO

El reverendo Tanimoto es percibido como un individuo que parece ser anticomunista y probablemente sincero en sus esfuerzos por ayudar a las chicas... Sin embargo, en su deseo por aumentar su prestigio e importancia podría, por ignorancia, inocencia o con plena conciencia, prestarse a una línea izquierdista o incluso seguirla ...

RALPH J. BLAKE
CÓNSUL GENERAL AMERICANO, KOBE

Tan pronto como regresó a la costa este después del programa, Robert Lewis, que había renunciado a la Fuerza Aérea y ahora trabajaba como director de personal de Henry Heide, fabricantes de golosinas, en Nueva York, fue llamado al Pentágono y recibió una buena reprimenda por parte del Departamento de Defensa.

La familia Tanimoto permaneció en los Estados Unidos hasta el final de la gira de discursos de Kiyoshi, que lo llevó a un total de ciento noventa y cinco ciudades en veintiséis estados. El programa de televisión había permitido recaudar cerca de cincuenta mil dólares, y Kiyoshi consiguió diez mil más. Chisa Tanimoto y los niños pasaron un magnífico verano en la casa de huéspedes de la granja de Pearl S. Buck en Bucks County, Pensilvania.

El 6 de agosto, décimo aniversario del bombardeo de Hiroshima, Tanimoto puso una corona sobre la Tumba del Soldado Desconocido en el Cementerio Nacional de Arlington. Ese día, en Hiroshima misma, lejos de Tanimoto, un genuino movimiento japonés por la paz, motivado por la ira que causó el incidente del "Dragón con Suerte", daba sus primeros pasos. Cinco mil delegados asistieron a la primera Conferencia Mundial contra las Bombas Atómicas y de Hidrógeno.

Los Tanimoto regresaron a Japón en diciembre.

Kiyoshi Tanimoto se había dejado llevar por la corriente y acabó en un remolino. Durante sus giras de discursos por los Estados Unidos había desplegado una energía sorprendente para un
hibakusha: pasaba noche tras noche tras noche hablando sin
parar en los cansados circuitos. Pero la realidad era que durante varios años se había dejado arrastrar por esa cresta de ola que
era la feroz energía de Norman Cousins. Cousins le había pro-
porcionado experiencias embriagadoras que alimentaban su
vanidad, pero también le había arrebatado el control de sus propias empresas. Era por las doncellas que Tanimoto había comenzado esta campaña, pero ahora descubría que, aunque el dinero recaudado por "ésta es su vida" pagaría los gastos de las
doncellas, todo lo que había recogido durante su gira, salvo
mil dólares, era controlado por Nueva York. Cousins había pasado por encima del centro de paz en Hiroshima y trataba directamente con el gobierno municipal; Tanimoto había suplicado
que el proyecto de adopción moral quedara en manos del centro, pero su papel acabó siendo el de un comprador de maletines. El golpe de gracia llegó cuando las cenizas de la doncella
Tomoko Nakabayashi, que había muerto por los efectos de la
anestesia en el hospital Mount Sinai, fueron devueltas a los
padres, en Hiroshima, y Tanimoto ni siquiera fue invitado al
funeral, que fue dirigido por su buen amigo, el padre Kleinsorge.
Y cuando todas las doncellas hubieron regresado a casa, para
su sorpresa, se encontraron con que se habían vuelto objeto
no sólo de la curiosidad del público sino de su envidia y su
lástima, se resistieron a los esfuerzos publicitarios de Tanimoto, que quería formar un "Club Zion" con ellas, y terminaron
por alejarse de él.

Tampoco en el movimiento japonés por la paz había lugar para
Tanimoto: había estado fuera del país en momentos cruciales para

el desarrollo del movimiento, y además su actitud cristiana lo volvía sospechoso ante los grupos radicales a la vanguardia del acti-
vismo antinuclear. Mientras Tanimoto se encontraba lejos, haciendo su último viaje, fue creada una organización nacional llamada
Nihon Gensuikyo, Consejo Japonés contra las Bombas Atómicas
y de Hidrógeno, y le siguió una oleada de actividad que exigía
al Diet cuidados médicos para los hibakushas. Como a muchos
hibakushas, a Tanimoto le repugnaba el creciente color político
de estos actos, y permaneció alejado de las concentraciones masivas que tuvieron lugar en el Parque de la Paz en los subsiguientes aniversarios.

*El 15 de mayo de 1957, Gran Bretaña llevó a cabo su primera prueba
con bombas de hidrógeno en la isla de Pascua, en el océano Índico.*

A Koko, la hija que había vivido el bombardeo siendo apenas un
bebé, la habían llevado casi todos los años al ABCC (dirigido por
norteamericanos) para un chequeo físico. En general, se encontraba bien de salud, aunque, igual que muchos hibakushas que
al momento de la bomba eran todavía bebés, su crecimiento estaba definitivamente atrofiado. Ahora, siendo ya una adolescente
de secundaria, fue de nuevo a hacerse el chequeo. Como de
costumbre, se desvistió en un cubículo y se puso una bata blanca de hospital. Tras pasar por una serie de pruebas, esta vez Koko
fue llevada a una habitación iluminada donde había un escenario de poca altura respaldado por una pared marcada con una
cuadrícula métrica. La colocaron de pie contra la pared, frente
a luces tan brillantes que sus ojos no veían lo que había detrás;
podía escuchar voces japonesas y también norteamericanas. Una

de éstas le dijo que se quitara la bata. Ella obedeció, y se quedó allí parada durante un tiempo que pareció eterno, mientras las lágrimas corrían por sus mejillas.

Esta experiencia la asustó y la hirió tanto que durante veinticinco años fue incapaz de hablar de ella.

Un día, hacia el final de agosto de 1959, una niña pequeña fue abandonada dentro de una canasta frente al altar de la iglesia de Kiyoshi Tanimoto. Una nota pegada a su pañal daba el nombre de la niña, Kanae, y su fecha de nacimiento, abril 28, y enseguida decía: "Me temo que no puedo quedarme con ella en este momento. Dios la bendiga, y ¿podría usted cuidar de ella en mi lugar?".

Durante el verano que pasaron en la granja de Pearl S. Buck, los niños Tanimoto habían jugado con la docena de huérfanos, la mayoría orientales, de los que se había hecho cargo la escritora norteamericana. La generosidad de la señora Buck había impresionado a la familia; ahora, la familia decidió conservar y criar a la niña que le había sido confiada.

El 13 de febrero de 1960, Francia probó un arma nuclear en el Sahara. El 16 de octubre de 1964, China llevó a cabo su primera prueba nuclear, y el 17 de junio de 1967 hizo explotar una bomba de hidrógeno.

En 1968 Koko viajó con su padre a los Estados Unidos para ingresar al Centenary College para mujeres en Hackettstown, Nueva Jersey. Tanimoto ya había regresado a los Estados Unidos en 1964-1965 para visitar su alma mater, la Universidad de

Emory, tras lo cual volvió a casa vía Europa; y también en 1966, cuando recibió un diploma honorario del Clark College. Koko fue finalmente trasladada a la Universidad Americana, en Washington, D.C. Allí se enamoró de un chino americano y se comprometió con él, pero el padre del prometido, un doctor, dijo que ella no era capaz de dar a luz a un hijo normal, y prohibió el matrimonio.

De regreso a Japón, Koko aceptó un empleo en Tokio, con Odeco, una firma de perforaciones petrolíferas. No le dijo a nadie que fuera hibakusha. Con el tiempo conoció alguien a quien podía confiar estas cosas: el mejor amigo de su novio. Finalmente, fue éste el hombre con el que se casó. Tuvo un aborto, y tanto ella como su familia lo atribuyeron a la bomba. Koko y su marido fueron a la ABCC para hacerse revisar los cromosomas, y aunque no se encontró nada anormal, decidieron no volver a intentar tener hijos. Con el tiempo, adoptaron dos bebés.

El movimiento antinuclear japonés había comenzado a dividirse a comienzos de los años sesenta. Gensuikyo, el Consejo Japonés, había estado al principio dominado por el Partido Socialista japonés y por Sohio, el Consejo General de Sindicatos. En 1960, el movimiento había intentado bloquear la revisión del Tratado de Seguridad Americano-Japonés, sobre la base de que ello alentaba un renovado militarismo en Japón, ante lo cual grupos más conservadores formaron el Kakkin Kaigi, Consejo Nacional para la Paz y Contra las Armas Nucleares. En 1964 ocurrió una división más profunda, cuando comunistas infiltrados en Gensuikyo provocaron que socialistas y sindicalistas se retiraran y formaran Gensuikin, el Congreso Japonés contra las Bombas Atómicas y de Hidrógeno. Para Tanimoto, como para la mayoría de los hiba-

kushas, estas disputas llegaron al colmo del absurdo cuando Gensuikin argumentó que todas las naciones deberían dejar de hacer
pruebas, mientras que Gensuikyo argumentaba que los Estados
Unidos hacían pruebas en preparación para la guerra y la Unión
Soviética hacía pruebas para asegurar la paz. La división persis-
tió, y año tras año las dos organizaciones realizaron conferencias separadas para el 6 de agosto. El 7 de junio de 1973, Kiyoshi Tanimoto escribió la columna "El ensayo de la tarde" para
el *Chugoku Shimbun* de Hiroshima:

> Estos últimos años, al acercarse el 6 de agosto, escucha-
> mos voces que lamentan que nuevamente este año los even-
> tos conmemorativos sean organizados por un movimien-
> to de paz dividido... La frase inscrita en el Cenotafio del
> monumento −"Descansad en paz, pues no se repetirá el
> error"− encarna la esperanza apasionada de la raza huma-
> na. El atractivo de Hiroshima [...] no tiene nada que ver
> con la política. Cuando vienen extranjeros a Hiroshima,
> con frecuencia se los oye decir: "Los políticos del mundo
> deberían venir a Hiroshima y contemplar los problemas
> políticos del mundo de rodillas ante este Cenotafio".

El 18 de mayo de 1974, India llevó a cabo su primera prueba nuclear.

Al acercarse el cuarenta aniversario de la bomba, el centro de
paz de Hiroshima seguía oficialmente operativo, pero en realidad estaba en el hogar de los Tanimoto. Durante los años setenta, su principal proyecto había sido concertar una serie de adop-
ciones de bebés japoneses huérfanos y abandonados que no

habían tenido ninguna relación en particular con la bomba atómica. Los padres adoptivos vivían en Hawai y en los Estados Unidos continentales. Tanimoto había hecho tres giras más como con-
ferenciante, en el continente en 1976 y 1982, y en Hawai en 1981.
Se retiró de su púlpito en 1982.

   Kiyoshi Tanimoto tenía ahora más de setenta años. La edad promedio de los hibakushas era de sesenta y dos. Los hibakushas
supervivientes habían sido encuestados por el Chugoku Shimbun en 1984, y el 54,3% de ellos creía que las bombas atómicas
serían utilizadas de nuevo. Tanimoto leía en los periódicos que
los Estados Unidos y la Unión Soviética avanzaban lentamente por los empinados escalones de la disuasión. Tanto él como
Chisa recibían ayuda económica para cuidados médicos en su
calidad de hibakushas, y él cobraba una pensión modesta de la
Iglesia Unida de Japón. Tanimoto vivía en una casa pequeña y
acogedora con una radio y dos televisores, una lavadora, un
horno eléctrico y un refrigerador, y conducía un automóvil de
la marca Mazda fabricado en Hiroshima. Comía demasiado. Se
levantaba a las seis cada mañana y caminaba durante una hora
con Chiko, su pequeño perro de lanas. Su memoria, como la
del mundo, se estaba volviendo selectiva.

Este libro
se terminó de imprimir
en Ulzama Digital, S. L.